DE KRACHT VAN OUDER WORDEN

DAPHNE DECKERS

DE KRACHT VAN OUDER WORDEN

FONTAINE UITGEVERS

Fragmenten uit dit boek verschenen eerder in columns in *VROUW Magazine* van *De Telegraaf* en in het essay *Sterrenstof* (CPNB/House of Books, 2018) ter gelegenheid van de Maand van de Spiritualiteit.

Omslagontwerp Villa Grafica
Omslagfoto Yvette Kulkens Photography
Hair & make-up Elles Nijkamp
NUR 320
ISBN 9789464043433

www.fontaineuitgevers.nl
Fontaine maakt deel uit van Park Uitgevers

INHOUD

GELUK IS EEN U-BOCHT

De afgelopen decennia zijn er allerlei onderzoeken gedaan naar de mate van geluk die mensen tijdens hun leven ervaren, en het resultaat is steeds hetzelfde: een U-vormige grafiek. We zijn erg gelukkig in onze jeugd- en tienerjaren, maar daarna begint het geluksgevoel langzaam af te nemen. Er komen zware studies, eerste banen, hypotheken, vaste lasten, huilende baby's, lastige pubers en de (nog steeds vooral voor vrouwen) moeizame balans tussen werk en privé. Maar dan, na het vijfenveertigste levensjaar, zie je de lijn weer omhooggaan: mensen worden almaar gelukkiger, tot de grafiek weer wat afvlakt rond het tachtigste levensjaar.

Vijftig- en zestigplussers blijken even gelukkig te zijn als kinderen en tieners – wie had dat gedacht? De meeste mensen niet. En ik eigenlijk ook niet. Je hele leven krijg je te horen dat 'jong' het toverwoord is: je jonge jaren, daar gebeurt het. Jong is mooi, jong is nieuw, jong is beter. Maar er is slechts een beperkte tijd waarin je 'jong en veelbelovend' kunt zijn. Daarna ben je... ja, wat eigenlijk? Nou, gelúkkig dus. Een van de redenen waarom de onderzoeken een aantal keren opnieuw werden gedaan, is omdat wetenschappers het resultaat zo moeilijk konden geloven: oudere mensen zijn gelukkiger dan jongere mensen? Ze hebben minder stress en zitten beter in hun vel? Dat druist in tegen alles wat we denken te weten over het leven van vijftig-, zestig- of zelfs zeventigplussers. Het is dan ook de hoogste tijd dat we meer gaan openstaan voor de kracht van ouder worden.

Dus ik dacht: ik ga het eens op papier zetten. Alles wat ik leuk vind aan ouder worden. Of grappig, of gek of gênant. Want die dingen zijn er ook genoeg. Ik weet nog dat ik rode bultjes op mijn lijf kreeg, waarop de dermatologe zei: 'O, mevrouw Deckers (wacht even – wie is 'mevrouw Deckers'? Dat was toch mijn moeder?), dat is heel normaal voor uw leeftijd, dat zijn seniele angiomen.' Sorry, wat? Seniele angiomen? In het Engels doen ze tenminste nog een poging om die dingen enigszins charmant *cherry spots* te noemen. Waarom noemen wij ze eigenlijk geen kersenpuntjes? In de auto naar huis realiseerde ik me dat ik daar zelf voor kan kiezen. Sterker nog: dat ik daar zelf voor moet kiezen. Woorden hebben niet alleen een betekenis maar ook een waarde, en veel woorden rondom ouder worden vind ik ronduit negatief geladen. Neem alleen al die verschrikkelijke 'dor hout'-discussie. Of de term 'antiaging': hoezo zou je tegen veroudering moeten zijn? Wat ben je dan? Pro-dood? Inmiddels is meer dan de helft van de Nederlanders boven de vijftig en worden reclamebureaus langzaam wakker. Het werd ook wel een keer tijd. Het idee dat de oudste categorie 'boodschappers' (een doelgroep waar je reclames aan kwijt

Een jeugdig gemoed, daar zit de kracht van ouder worden.

kunt) tussen de vijfendertig en negenenveertig jaar is, komt uit het jaar kruik. Boven die leeftijd zouden mensen zo gewend zijn aan hun vertrouwde spullen dat ze niet meer openstaan voor nieuwe smaken en ervaringen. Wat een bullshit. De vijftig- en zestigplussers van Nederland zijn daar juist helemaal klaar voor.

Ze zijn digitaal en ondernemend, fit en avontuurlijk. Ze doen aan sport en zelfontplooiing, hebben zin in een verre reis en in een nieuw interieur, nu de meubels – met dank aan het lege nest – niet meer hufterproof hoeven te zijn. Maar deze leeftijdscategorie heeft ook nog een andere passie: de reis naar binnen. Veel vijftigplussers voelen dat het tijd is voor meer balans, rust en harmonie. Het jakkeren naar een geslaagd leven verandert in het verlangen naar een gelaagd leven. Geen wonder dat alerte marketingbureaus hen inmiddels hebben omgedoopt tot de *best agers*, die breder inzetbaar zijn dan reclames voor trapliften. De grijze golf is de *silver tsunami* geworden; anti-aging werd pro-aging en het tikje moralistische 'waardig ouder worden' is vervangen door *positive aging*. De nieuwste trend is *flat aging*: daarbij laten mensen zich niet meer definiëren door hun chronologische tijdslijn (wat maar goed is ook, want hoe ver moet je tegenwoordig niet naar beneden scrollen om je geboortedatum te vinden?) maar meer door hun jeugdige levenshouding. 'De derde helft' hoeft geen tijd te zijn waarin alles alleen maar minder wordt, al is het wel belangrijk dat je uit je stoel komt en mee blijft doen. Een jeugdig smoelwerk is op een gegeven moment voorbij – die strijd zal de zwaartekracht altijd winnen. Maar een jeugdig gemoed, daar zit de kracht van ouder worden. Uit al die wetenschappelijke onderzoeken is namelijk ook gebleken dat hoe je over ouder worden denkt een enorme invloed heeft op hoe je ouder wordt. Dus kom maar door met die positiviteit. Geluk is een U-bocht, en wij zitten in het pootje omhoog!

WAT IS OUD?

Wat is oud? Dat ligt er maar net aan wie je het vraagt. Toen ik naar de lagere school ging en juf Marijke op de eerste dag alle regels stond uit te leggen (dat het kind met de minste schrijffouten een hele dag met De Rode Vulpen mocht schrijven bijvoorbeeld, waarna ik nog maar één koortsachtig doel had in mijn jonge leven) dacht ik dat de juf al behoorlijk oud was. Maar als ik nu naar de vergeelde foto's kijk, denk ik: wat zal ze geweest zijn? Een jaar of achtentwintig? Die dikgerande jaren-zeventig-bril hielp natuurlijk niet; mensen kleedden zich vroeger veel ouwelijker dan nu en ze keken er ook nog eens erg serieus bij. Ik weet nog dat ik mijn ouders destijds ook al zo oud vond – al was mijn moeder toen pas dertig jaar. Is het niet wonderlijk hoe je als kind denkt dat je ouders oud zijn geboren? Zeker in mijn puberteit dacht ik dat mijn ouders niks van mij begrepen omdat zij zelf overduidelijk nooit jong waren geweest. Wanneer ik in de plakboeken oude zwart-witfoto's van ze zag, verliefd lachend tijdens carnaval in Maastricht waar ze elkaar hadden leren kennen, dacht ik: wie zijn deze mensen? Nu ik zelf ouder ben, weet ik precies wie die zorgeloze, zwierige types waren: jonge mensen die nog geen hypotheek hadden, geen werkdruk, geen postnatale depressie en geen twee kinderen die jarenlang zo wagenziek waren dat ze de hele weg naar Zuid-Limburg zaten te kotsen in een Remia frietsaus-emmertje.

Wat ik de afgelopen decennia heb gemerkt, is dit: oud, dat zijn de anderen. En als je zelf ouder wordt? Dan nog steeds. Want *oud*-oud is altijd vijftien jaar ouder dan je zelf bent. Toen ik veertig werd en dat totaal niet het einde-van-alles-trauma bleek te zijn waar iedereen me voor had gewaarschuwd, dacht ik: vijfenvijftig, dan zul je je vast oud voelen. Maar inmiddels ben ik vijfenvijftig en denk ik: nee, bij zeventig, dan beginnen de jaren pas echt te tellen. Maar ja, dan lees ik een post van zangeres Cher die op haar zevenenzeventigste verjaardag schrijft: 'Oké, kan iemand mij alsjeblieft vertellen wanneer ik me oud ga voelen?' Of ik denk aan mijn oma Mien, die op haar tachtigste in een verzorgingstehuis terechtkwam en het maar niks vond dat ze daar werd omringd door 'allemaal ouwe struiken'. Dus wat is oud? Daar zijn een aantal studies naar gedaan en het zal niemand verbazen dat het voor iedereen iets anders betekent. Uit een onderzoek onder verschillende generaties van U.S. Trust bleek dat babyboomers van mening waren dat je vanaf je drieënzeventigste oud genoemd kon worden. Generatie X hield het op vijfenzestigplus maar voor millennials was de grens al gezakt naar zevenenvijftig jaar. Generaties Z en Alfa was niks gevraagd, maar ik denk dat zij vijftig jaar al behoorlijk oud zullen vinden. Waarom? Omdat ik dat vroeger ook vond.

Tijdens mijn middelbareschooltijd gingen mijn vrienden en ik in het weekend vaak uit in een kleine club waar vooraan bij de ingang een bar zat. Wij liepen dat gedeelte altijd snel voorbij want daar zaten de Oude Mensen, onder wie mijn eigen wiskundeleraar, achter een biertje te treuren over al hun gemiste kansen en de verloren jeugd. Tenminste, dat dachten wij, daarom noemden wij dat hoekje de *occasion bar*: als je daar op die leeftijd nog zat... dan kon je toch niet anders dan een kneus zijn? Terwijl ik dit schrijf, moet ik gewoon lachen om de arrogantie van de jeugd. Deze mannen en vrouwen waren waarschijnlijk veertig- of vijftigplus en zaten gewoon gezellig te borrelen. *Living their best life*, zouden we nu zeggen – alleen een beetje jammer van die pubers verderop in de zaak. Inmiddels zijn de tieners van toen de *occasions* van nu, en lopen wij zelf nog

‘Word oud, maar nooit saai.
Blijf wild, en durf buiten je
eigen comfortzone te gaan.’

IRIS APFEL,
stijlicoon

steeds alle festivals plat. Dat is tegenwoordig veel geaccepteerder dan vroeger – denken we graag. Want soms geven de aanwezige jongeren wat subtiele hints, door je bijvoorbeeld bij de bar vóór te laten, met de tekst: 'Ga maar hoor, mevrouw, want anders staat u op uw leeftijd zo lang te wachten', of door te zeggen: 'Goh, wat leuk dat jij hier op jouw leeftijd nog van houdt.'

Maar waarom zou ik er niet meer van houden? De beroemde dj's David Guetta en Tiësto zijn allebei vijfenvijftig jaar – even oud als ik. Het zou een beetje gek zijn dat zij wel mogen blijven draaien maar ik niet zou mogen blijven dansen, toch? Nu is het uiteraard niet zo dat ieder festival even geschikt is (of blijft) voor iedere leeftijd. Er zijn tegenwoordig behoorlijk wat evenementen die wat mij betreft in de categorie 'teringherrie' vallen. De muziek staat zó hard dat de zwaarte van het geluid voelt als een aanslag op je lichaam. Toen wij vroeger uitgingen (ja, ik weet het, 'vroegah' is zelden een goed argument maar in dit geval wel) zat er een natuurlijke grens aan het geluidsniveau: analoge muziek vervormt boven een bepaald aantal decibellen. Nu is alles digitaal, en digitale muziek kun je opschroeven tot het niveau van een straaljager. Er vervormt niks, behalve de trilhaartjes in je oren: die gaan er dood van. Oorartsen en audiciens luiden al jaren de noodklok over alle doofheid en tinnitus die ze voorbij zien komen door het overmatige gebruik van oortjes en het bizarre geluidsvolume bij concerten. Maar clubs en festivals zeggen dat ze niet omlaag kunnen (lees: willen) omdat je de muziek nu eenmaal in je lijf moet voelen. En daarbij, zei een organisator in de krant: 'Iemand die de muziek te hard vindt, is sowieso te oud voor het evenement.'

Daar kun je het als bezorgde burger mee doen. Je bent oud, dus af. Bij mijn kinderen (inmiddels redelijk verstandige twintigers) hoef ik ook niet aan te komen met dit verhaal. Die zeggen: 'Mam, er is niks aan de hand, want bij ieder festival verkopen ze oordoppen.' Als ik dan begin te sputteren dat dit water naar de zee dragen is, of het paard achter de wagen spannen, of nog zo'n gezegde waarvan jongeren geen idee meer hebben wat het betekent, zeggen ze: 'Mam, pak je rust.' Ik weet niet hoe het jou vergaat, maar het idee dat mijn kinderen mij met zachte schouderklopjes tot rust zitten te manen – daar word ik niet rustig van. Ben jij weleens recht in je gezicht uitgelachen? Nee? Dan heb je vast geen kinderen. Tieners en twintigers, ook die van mij, vinden hun ouders per definitie een achtergebleven gebied; warrige mensen die steevast met hun kop buiten beeld vallen als ze je proberen te videobellen. Dan kun je nog zo vaak zeggen: 'Hallo, onze generatie bestaat heus niet uit digibeten, Steve Jobs introduceerde de eerste iPhone nota bene op zijn eenenvijftigste!' maar er is altijd wel iets waaruit blijkt dat je geen *digital native* bent. Zo wilde ik een tijdje geleden een mooi verhaal aan mijn zoon Alec vertellen; iets waarvan ik had gelezen dat het viral was gegaan, maar veel verder dan dat ene woord ben ik niet gekomen. Meneer lag dubbel van het lachen. Ik had het per ongeluk uitgesproken als 'virral' en het is uiteraard 'vairol'. Hij bleef er bijna in.

Dit had me niet hoeven verbazen, want ik heb het vroeger ook bij mijn eigen ouders gedaan. Zo is mijn vader altijd 'Joejork' blijven zeggen; hoe vaak mijn broer en ik ook rollend over de vloer gingen: 'Pap – die stad heet New York!' Mijn ouders zeiden vroeger ook 'koiboi' in plaats van 'cowboy', iets wat ik als tiener hoogst provinciaal vond. En nu ben ik zelf aan de beurt. Eerlijk gezegd vind ik dit een van de meest verrassende dingen van ouder worden: ik dacht dat ik het allemaal heel anders zou gaan doen, en op bepaalde punten heb ik dat ook zeker gedaan, maar op een gegeven moment besefte ik dat ik toch meer op mijn ouders lijk dan ik ooit voor mogelijk had gehouden. Sommige dingen blijken gewoon in het Basispakket Ouder Worden te zitten. Moet jij bijvoorbeeld ook de radio zachter zetten wanneer je je auto wilt inparkeren? Pak je de handgreep boven het autoraam vast wanneer een van je kinderen achter het stuur zit? Bewaar je mooie strikken en cadeautasjes om ze later nog eens te kunnen gebruiken? Mopper je: 'Waarom is het hier zo donker?' wanneer je de menukaart in een restaurant probeert te lezen? Om erachteraan te zeggen: '... en zo duur?' Dan ben je hard op weg om je ouders te worden.

Afgelopen zomer keek ik naar beneden en zag de voeten van mijn moeder. Wanneer is dat gebeurd, dacht ik, dat mijn voeten de voeten van mijn moeder zijn geworden? Zij droeg vroeger graag kersenrode nagellak op haar teennagels, en die draag ik nu ook. Staat zo fris en vrolijk. Maar ik herinner me nog goed hoe mijn moeder op de diploma-uitreiking van mijn middelbare school verscheen: op jezussandalen, met rode nagellak op haar tenen. Toen schaamde ik me kapot. Waarom eigenlijk? Dat weet ik niet meer zo goed. Misschien omdat de andere moeders gewoon donkerblauwe pumps droegen? Als tiener voel je je een uniek individu met een geheel eigen smaak, maar je ouders heb je graag normaler dan normaal. Ze moeten vooral gewoon doen: geen gekke dansjes, bonte kleding of opvallende kapsels, niet hip willen zijn en (in godsnaam) niet zoenen in het openbaar. En als je ouders dat allemaal braaf niet deden, wat zei je dan? 'Jullie zijn zo saai. Zo ouderwets. Zo normaal. Ik ga het later heel anders doen!' Maar dat laatste, dat is dus onzin. Want hoe verschillend je ook van je ouders dacht te zijn – uiteindelijk ga je toch op ze lijken.

Het zijn kleine dingen die er langzaam in sluipen. Ik zie tegenwoordig niet alleen mijn moeders voeten in mijn eigen voeten; ik herken ook haar handen in de mijne. Hoe vaak liep mijn moeder niet door het huis te foeteren dat ze haar leesbril nergens kon vinden? Dat doe ik nu ook, maar deze keer zijn het mijn kinderen die mij er lachend op wijzen dat het ding op mijn hoofd zit. En hoe ongeduldig was ik als tiener dat mijn moeder niks kon zien? Dan wilde ik haar snel iets laten lezen, en dan zei ze: 'O, wacht. Ik moet eerst even mijn bril erbij pakken.' Vervolgens ging haar hele tas open en werd er eindeloos naar de brillenkoker gegraven, maar voor ze die bril dan eindelijk op haar neus had, was wat mij betreft het moment al voorbij en wilde ik het niet meer aan haar laten zien. Mijn kinderen zijn nu precies hetzelfde. Dan houden ze enthousiast hun iPhone voor mijn neus, want er is iets leuks of grappigs of moois wat ze aan me willen showen – maar als ik dan eerst mijn leesbril moet pakken, haken ze meteen zuchtend af: 'Laat maarrr!' Karma heet zoiets.

Ik snapte vroeger ook niet waarom het zo lang moest duren voordat mijn vader eindelijk begreep hoe hij een tv-programma op zijn videorecorder moest opnemen: man, het zijn maar drie knoppen, houd je aandacht er even bij! Tegenwoordig kunnen mijn kinderen Emma en Alec nauwelijks een zucht onderdrukken als ze wéér de werking van AirPlay aan mij moeten uitleggen. Mijn moeder voelde altijd overal tocht. Als er een raam openging op Terschelling voelde zij in Zuid-Limburg de wind langs haar nek gaan. Knettergek werd ik daarvan. En nu? Nu ben ik net zo. Tocht, wind, airco? Ik voel het altijd – tot grote ergernis van mijn kinderen, want dan moeten we weer een tafeltje opschuiven en trekken we weer aandacht en zijn we niet gewoon. Tja, zo gaan die dingen. Tegen de tijd dat je beseft dat je moeder gelijk had, heb je zelf een dochter die vindt dat je onzin praat. Je kunt je natuurlijk afvragen: Daphne, zag je dit allemaal niet aankomen dan? Nou, om eerlijk te zijn niet. Ouder worden heeft me best wel verrast. Ik was er namelijk helemaal niet mee bezig. Zat prima in mijn vel. De oudere variant van mijzelf was er opeens. Je weet heus wel dat je een keer 'oud' gaat worden (als het je tenminste gegeven is) maar op een dag besef je dat je het allang bent.

Dat besef komt niet door een datum met een rood vlaggetje; het is meer de optelsom van een reeks gebeurtenissen waarvan het even duurt voordat je ze met elkaar verbindt. Want je weet wat ze zeggen: het kwartje valt pas wanneer het gat groot genoeg is. Wat was mijn gat? Dat de huid rondom mijn elleboog op een rimpelig scrotum was gaan lijken? Dat ik langs een spiegelende etalageruit liep en een fractie van een seconde dacht dat ik mijn moeder zag? Dat ik niet meer kon neerploffen in een lekkere stoel zonder iets te zeggen als: 'Hèhè, ik zit'? Het waren al deze dingen – en nog veel meer. Je ziet je oude klasgenoten op een schoolreünie en denkt: zo, wat is iedereen oud geworden – waarna je je realiseert dat dit dus ook voor jou geldt. Maar een van de meest confronterende dingen vond ik dat mijn kinderen steeds vaker tegen mij zeiden: 'Mam, dat heb je al eens verteld.' Nee toch? Niet die gênante fase alsjeblieft. Als tiener begreep ik niet waarom mijn ouders niet doorhadden dat ze sommige dingen al vaker hadden verteld. Nu het mij zelf overkomt, begrijp ik het eigenlijk nog steeds niet. Loopt ons brein soms over van de infobesitas en de hoge energierekening? Zijn we als een grijsgedraaide lp in een groef blijven hangen? Of is het misschien de overgang? Daar gaat je geheugen immers ook van haperen – maar daarover later meer.

Het kan ook te maken hebben met een gevoel van melancholie: de jaren lijken steeds sneller te gaan (is het nu alweer Kerstmis?) en de mooie herinneringen die je koestert, moet je voor je gevoel blijven herhalen zodat ze niet verloren gaan. Zo liep ik eens met de kleine Alec door ons dorp toen het stevig waaide. Hij wees naar de ruisende bomen en zei: 'Kijk, mama, de bomen dansen!' Dat vond ik toen zo lief en opmerkzaam voor een peuter; het staat echt in mijn geheugen gegrift. En soms, als het hard waait, ziet Alec dat ik het weer wil zeggen, en lacht hij alvast: 'Niet weer dat verhaal over die dansende bomen, hè.' Ik mag ook niet meer zeggen dat ik de gloeilamp nog steeds mis. Een gloeilamp klinkt voor jonge mensen als iets uit de tijd van paard-en-wagen. Maar zeg nou zelf: geen enkele ledlamp haalt het toch bij het licht van een peertje? Als je bent opgegroeid met spaarlampen en ledlicht weet je niet beter – maar sorry, wij weten wel beter. Niet iedere vernieuwing is automatisch een verbetering. Hoe fijn was het om de hoorn op de haak te kunnen gooien na een vervelend telefoontje? Of om een echt mens aan de lijn te krijgen als je een klantenservice belt? En hoe handzaam waren druk- en draaiknoppen? Het indrukken van een echt knopje voelt veel bevredigender dan het zachte tippen op een touchscreen. Van mij hoeft ook zeker niet overal een schermpje op: zo zag ik laatst een 'smart' broodrooster (voor maar 369,99 euro!) met een touchscreen. Houd toch op met die onzin.

Begrijp me niet verkeerd: het is niet dat ik de huidige tijd afwijs. Verre van dat, ik sta er juist midden in. Ik geloof dat de kracht van ouder worden is dat je niet alleen de ervaring hebt om met veranderende omstandigheden te kunnen omgaan, maar dat je er ook in kunt floreren. En toch, terwijl ik met de blik vooruit leef en intens geniet van de boeken, films en podcasts die ik op mijn vijfenvijftigste aan het maken ben, merk ik dat ik steeds vaker aan vroeger denk. Soms schiet me opeens een naam te binnen uit mijn middelbareschooltijd of uit mijn studententijd, en dan denk ik: hoe zou het daarmee zijn? Dan ga ik even googelen en voor ik het weet zit ik gezinsvakanties te bekijken van iemand bij wie ik dertig jaar geleden in de klas heb gezeten. (Verder helemaal niet creepy hoor, social media.) Maar de sterkste vibes krijg ik in mijn geboortestad Nijmegen. Laatst liep ik met mijn vriendin Nicole door het centrum toen ik werd overspoeld door herinneringen: dat gebeurde hier, en weet je nog, daar op die straathoek, dat gebeurde daar. Mijn ouders wezen mijn broer en mij ook altijd plekken aan: 'Kijk, daar gingen wij dansen toen we jong waren.' Destijds dacht ik: wat moet ik met deze informatie? Maar nu ben ik dus zelf zo'n aanwijzer

De kracht van ouder worden is dat je niet alleen de ervaring hebt om met veranderende omstandigheden te kunnen omgaan, maar dat je er ook in kunt floreren.

geworden. Ik begrijp nu ook veel beter het gevoel dat erachter zit: je loopt door het decor van je jeugdjaren. De straten, de huizen, de stad – alles is min of meer hetzelfde. En toch is alles anders.

Iemand noemde dit laatst 'het museum van je jeugd' en ik dacht: wauw, inderdaad. Je weet dat je ouder aan het worden bent wanneer jouw jeugdjaren tot de geschiedenis zijn gaan behoren: de Val van de Muur, roken in het vliegtuig, de eerste rapsong ooit van The Sugarhill Gang, het touwtje uit de brievenbus.

Afgelopen zomer zat ik aan het strand met mijn

dochter Emma en haar vriend, en vertelde hun een aantal verhalen over mijn jonge jaren. Zoals die keer dat mijn vader op een werkreis ging naar Joejork en thuiskwam met iets heel nieuws waar volgens hem alle kids in New York mee bezig waren: een skateboard. Mijn broer en ik wisten in het begin niet zo goed wat we ermee aan moesten; de halfpipe was nog niet uitgevonden. Nu ik erover nadenk: dit platte oermodel (nog zonder de latere gewelfde uiteinden) had misschien wel in een museum gekund, maar mijn ouders hebben er vooral zware objecten mee verhuisd. Ik vertelde Emma en haar vriend ook over de opkomst van de videorecorder, die maakte dat we stuiterend van de voorpret naar de videotheek gingen om een film uit te zoeken – wat in al zijn eenvoud veel leuker was dan het huidige verveelde scrollen door duizenden films op Netflix, terwijl we verzuchten: 'Ugh, wat moeten we nú weer kijken?' Het was een lange en gezellige avond daar aan het strand, al vroeg ik op het einde wel of ik niet te veel over vroeger had gepraat. Waarop de vriend van Emma zei: 'Nee hoor, ik hou altijd wel van *storytime*.'

Toen ik later in bed lag, heb ik daar nog hardop om gelachen. Storytime! Oftewel: oma vertelt, over haar dekselse jonge jaren waarin ze altijd een kwartje bij zich moest hebben zodat ze naar huis kon bellen. Ik kan die jongen geen ongelijk geven want het klinkt ook allemaal als lang geleden. De afgelopen vijftig jaar is er zoveel veranderd op het gebied van technologie en elektronica dat praten over je jeugd al snel klinkt alsof Nederland toen nog onder water stond. Ik bedoel: wij hadden thuis nog een zwart-wit-tv. Jazeker. En aangezien de afstandsbediening nog niet bestond, moesten wij opstaan uit onze stoel om van kanaal te wisselen. Bij mijn man Richard thuis hadden ze dat opgelost door een lange stok te gebruiken, waarmee ze vanaf de bank probeerden het goede knopje in te drukken. Aan de ene kant valt dit zeker onder 'storytime', maar aan de andere kant: wij vijftigplussers zijn de laatste generatie die de tijd van vóór het internet nog heeft meegemaakt. Hoe cool is dat? Wij weten nog hoe het was om zonder smartphone naar de wc te gaan! Wij zijn geen digital natives, wij zijn *digital pioneers*. Is het niet bijzonder dat wij deze hele ontwikkeling hebben mogen meemaken? Van lp's, singletjes en cassettebandjes naar walkman, cd's en discman, en van iPod, iPhone en iPad naar Spotify, downloads en streaming – wij waren erbij.

Niet alleen apparaten hebben een gedaanteverwisseling ondergaan, ook de mens zelf is veranderd – te beginnen met onze levensverwachting. Geholpen door de almaar voortschrijdende medische wetenschap, een hoger welvaartsniveau, schonere lucht, betere voeding, nieuwe vaccinaties en andere vormen van preventie worden mensen in het Westen niet alleen ouder dan ooit, maar ze voelen zich ook langer jong. Is het niet wonderlijk wat een radicale omwenteling zich in twee generaties heeft voorgedaan? Hoe anders het leven is geworden? Mijn oma Mien vertelde mij eens dat zij tijdens haar eerste zwangerschap één keer per maand een potje urine naar de huisarts bracht, alwaar de prenatale adviezen kort maar krachtig werden samengevat: 'Als u "plons" hoort, dan is de baby er.' Hoewel we smakelijk om die plons hebben gelachen, vertrouwde mijn oma me toe dat haar eerste bevalling één groot vraagteken was geweest. Zo had ze bijvoorbeeld haar onderbroek aangehouden, omdat ze tot op het laatste moment geen flauw idee had waar die baby nu precies vandaan zou komen. De huisarts deed de bevalling op de tast, van onder een laken; hij heeft haar nooit 'in vlezenden lijve' gezien. Wel complimenteerde hij haar met het feit dat ze al die uren geen kik had gegeven: zo deden kranige vrouwen dat – een onrealistische verwachting waar mijn oma nog eens vijf bevallingen aan probeerde te voldoen.

Ze had geen gemakkelijk leven, in en na de Tweede Wereldoorlog met zes kinderen in een arbeidersgezin, waar meneer pastoor op de deur bleef kloppen om te vragen waar het volgende kind bleef. Mijn oma was een aantal keren zo uitgeput dat de kinderen gedurende de zomer naar boerderijen in Midden-Limburg werden gestuurd, zodat iedereen kon aansterken. Ik vind het niet zo raar dat mensen uit die tijd er op foto's vaak

‘De dag dat ik zestig werd
was een van de beste dagen
van mijn leven. Ik was blij en
tevreden, niet in competitie
met mijn oude zelf, ik had geen
verwachtingen en was klaar voor
alles wat er ging gebeuren.’

JODIE FOSTER,
actrice

een beetje ouwelijk en zorgelijk uit zien. Wanneer had mijn oma zich 'jong' moeten voelen? Ze leek al vroeg op een oma, met een kunstgebit (want dat was goedkoper dan naar de tandarts gaan) en zilverblauw haar waar ze iedere avond krulspelden in zette. Mijn andere oma Jeanne, een boerin met zeven kinderen, herinner ik me niet anders dan met een schort, een schilmesje en een krant met aardappelschillen. Zoveel kinderen, zo weinig geld, zoveel werk in en om het huis. Aan het einde van haar leven fluisterde oma Mien me toe dat ze, als ze het opnieuw mocht doen, nooit meer zoveel kinderen zou nemen. Natuurlijk hield ze van hen, en van haar kleinkinderen, maar ze zag ons ook reizen, studeren en eigen keuzes maken, iets wat ze zichzelf ook graag had gegund. Ik denk dat het belangrijk is dat we ons blijven realiseren dat wij op de schouders staan van de vrouwen vóór ons. Dat de weg naar ons huidige leven door onze grootmoeders en moeders is bereid. En dat we zeker niet voor lief moeten nemen hoe vrij en zelfstandig we nu zijn, omdat dit zo weer kan veranderen. (Kijk maar naar Amerika, waar in sommige staten een aantal vrouwenrechten is teruggedraaid naar de jaren vijftig...)

Ook het leven van mijn moeder leek niet op het mijne. Ze had willen studeren maar moest naar de huishoudschool om van de nonnen te leren hoe je een goede huisvrouw moest zijn – wat er in de praktijk op neerkwam dat je gratis was- en strijkwerk deed voor het lucratieve handeltje van de zusters. Ze trouwde al op haar eenentwintigste voor de wet omdat mijn vader het leger in moest en zij als echtgenote gedurende zijn hele dienstplicht 97 gulden per maand zou krijgen. Daar heeft ze haar trouwjurk voor het latere kerkelijk huwelijk van bij elkaar gespaard, plus de uitzet. (Diverse delen van het servies dat ze toen heeft gekocht, heeft ze nu nog in gebruik: het fenomeen wegwerpkwaliteit bestond duidelijk nog niet.) Toen mijn moeder eenmaal 'echt' getrouwd was, vroeg haar werkgever wanneer ze zou stoppen, want getrouwd zijn en werken – dat hoorde niet. Na de geboorte van mijn broer kreeg ze een postnatale depressie, waarop de huisarts zei: 'Ach, mevrouw, neemt u maar een sherry.' Niet dat mijn moeder wist wat een postnatale depressie was. De huisarts ook niet. Een halve eeuw geleden was daar niemand mee bezig. Het motto was: niet klagen maar dragen. En indien klagen: dan sherry. Zoiets is nu toch ondenkbaar? Er is zoveel veranderd sinds die tijd. Ook voor mijn moeder. Ze deed naast haar gezin en het huishouden 's avonds het vwo, daarna 's avonds de universiteit en haalde uiteindelijk een master kunstgeschiedenis. Wat een weg heeft zij moeten afleggen – en dat is pas één generatie geleden.

Ik weet nog dat mijn moeder vijftig werd, en ik voor haar verjaardag vanuit Amerika naar huis vloog. Onderweg dacht ik: jeetje, mama wordt echt oud. Weet je wat ik nu denk? Ach, welnee. Mijn moeder is inmiddels tachtig en hoewel ze helaas wat gezondheidsproblemen begint te krijgen, is het nog steeds een kranig type. Ze slaat met een lange stok de walnoten uit haar boom en gaat met haar Terminator-achtige bladblazer achter de bladeren aan. Ze luistert graag naar André Rieu en leest stapels Zweedse detectives met een doosje bonbons onder handbereik. Oud? De duvel is oud. Ik kan me nog van alles rond mijn moeders vijftigste verjaardag herinneren: de hit 'Things Can Only Get Better' van D:Ream bijvoorbeeld, en dat ik een paar dagen later Richard leerde kennen. Ik weet ook nog precies wat mijn moeder op haar feestje droeg: een blauwe rok met een wollen trui, en verstandige leren schoenen met veters. De buren hadden een sara-pop in de tuin gezet, type 'ouwe taaie' met een bloemetjesjurk en een grijze knot, en mijn ooms en tantes zongen op de melodie van een Limburgse wals een zelfgeschreven lied: 'Joa, Miep weurt fieftig...' Het was, samen met de blokjes kaas met vlaggetjes en de gevulde kerrie-eieren, helemaal het vijftig-worden van 1994. Het grappige vind ik dat mijn moeder zich nu veel jeugdiger kleedt dan toen. Ze draagt tegenwoordig het liefst een mooie blouse, een jeans met een beetje stretch en een paar vlotte Nikes. En waarom ook niet? Als je je op je tachtigste nog niet mag kleden zoals je wilt, wanneer dan wel?

Voor mijn moeder is de kracht van ouder worden dat ze eindelijk haar eigen richting mag bepalen. Toen Richard voor mijn vijftigste verjaardag een James Bond-themafeest bleek te hebben georganiseerd, compleet met cocktailbar, oestermeisjes en een casino, kwam ze niet. Ze vond het leuk voor mij, maar verwachtte een heleboel... teringherrie (ik heb het dus niet van een vreemde!). Tijdens het feest dwaalden mijn gedachten af naar de verschillen tussen onze verjaardagen. Als je vroeger vijftig kaarsjes mocht uitblazen, werd je toch een beetje bekeken alsof je aan de verkeerde kant van de heuvel was beland. Op zich niet zo gek: de pensioengerechtigde leeftijd werd ooit vastgesteld op vijfenzestig omdat de gemiddelde Nederlander niet veel ouder werd dan zeventig. Inmiddels hebben we er niet alleen heel wat jaren bij gekregen, maar blijven we ook langer vitaal. Dit zijn niet de oude jaren maar de gouden jaren: ik ben in de kracht van mijn leven – scrotum aan mijn elleboog of niet. Op mijn vijftigste verjaardag voelde ik me sterk, geliefd en gelukkig. Ik stond op de cover van het blad *Nouveau* met de tekst: *Happy 50!* en schreef een essay over deze veelbesproken leeftijd, waarin ik zei: 'Veel vrouwen hebben last van het *imposter syndrome*: ze zijn bang dat ze hun plek niet verdienen en dat ze op een dag door de mand zullen vallen. Inmiddels weet ik: je verdient je plek wel degelijk. Je hebt er hard voor gewerkt, en dit zijn de jaren waarin je kunt gaan oogsten.'

Dat oogsten, daar ben ik inmiddels volop mee bezig. Het is me vorig jaar voor het eerst overkomen dat een boek van mij, *Vrienden maken*, aan het buitenland is verkocht. Het is gepubliceerd in Amerika, China, Engeland, Duitsland en Turkije. Mijn roman *Alles is zoals het zou moeten zijn* is verfilmd en terwijl ik dit schrijf, zijn de opnames van de verfilming van mijn andere roman, *Dubbel zes*, begonnen. Het is een genot om te zien hoe onze kinderen op eigen benen staan en hun weg vinden over de wereld. Richard en ik hebben meer tijd om te reizen, mijn hoofd borrelt over van de nieuwe boek-ideeën, en laatst werd ik nog out of the blue

De kracht van ouder worden zit niet in leeftijd maar in mentaliteit.

gevraagd om in twee films te acteren. Ik zal je eerlijk zeggen: ik kan het soms allemaal nauwelijks geloven. Waarom niet? Omdat ook ik gevoelig ben voor het idee dat de leukste, spannendste of meest bijzondere dingen veelal gebeuren als je jong(er) bent. Maar als je denkt dat het na je vijftigste of zestigste alleen maar minder wordt – *think again*. Wordt het anders? Ja, zeker. Wordt het saaier? Nee, zeker niet. Al moet je er natuurlijk wel je schouders onder blijven zetten en mee blijven doen. Want zoals mijn oma Mien al zei: 'De hemel geeft, wie vangt die heeft!' Na je vijftigste volgt een krachtige periode van vergaarde wijsheid en behouden vitaliteit, van opgedane ervaring en hang naar vernieuwing. Je bent niet meer jong en veelbelovend; je bent gerijpt en op smaak gebracht. En je hebt nog meer dan genoeg tijd om het allemaal uit te serveren.

Leonard Cohen schreef het beroemde lied 'Hallelujah', waarmee hij eindelijk het grote publiek bereikte, pas op zijn vijftigste. Heb je er weleens over nagedacht welke compositie er nog in jou zit? Waar je nog van droomt, nu je ouder wordt? Wat je nog wilt zien of leren, veranderen of creëren? Er is nog zoveel mogelijk. Vorig jaar heb ik genoten van *Lessons in Chemistry* van schrijfster Bonnie Garmus; haar allereerste roman die ze op haar vijfenzestigste had gepubliceerd. Het werd niet alleen een bestseller maar ook een hit-tv-serie. 'Of ze misschien een advies had voor mensen die dachten dat ze hun kans hadden gemist?' vroeg *People Magazine*. 'Hou op met tegen jezelf te zeggen dat het ergens te laat voor is,' antwoordde Garmus. 'Zeg liever: het is tijd.' Ik heb het meteen op een post-it aan mijn computer gehangen: 'Het is tijd.' Laat niemand je wijsmaken dat je ergens te oud voor bent. De kracht van ouder worden zit niet in leeftijd maar in mentaliteit. In zijn boek *Oud worden, jong blijven* schrijft hoogleraar klinische neuropsychologie Eric Scherder dat na een studie van maar liefst achtendertig jaar wetenschappelijk is bewezen dat de manier waarop jij over ouder worden denkt, de werking van je hersenen beïnvloedt. Wanneer jij bijvoorbeeld denkt dat ouder worden gepaard gaat met een slechter geheugen, presteer je bij geheugentests ook slechter. Hoe meer stereotiepe en negatieve ideeën over ouder worden jij gelooft, hoe ouder je je voelt. Mensen met een positiever beeld scoren op alle fronten beter.

Keer op keer is uit onderzoek gebleken dat mensen die zich jonger voelen, het ook daadwerkelijk zijn: ze leven langer en gezonder, geven hun leven een hoger cijfer, en hebben een kleinere kans op dementie. In westerse landen is de grootste bevolkingsgroep nu vijftigplus, en deze groep voelt zich langer jeugdig dan hun ouders of grootouders. Uit een rondvraag van *VROUW Magazine* uit 2023 bleek dat 55 procent van de lezeressen zich tien jaar jonger voelt dan haar leeftijd. Hoewel dat dus een heel gezonde levenshouding is, heb ik soms het gevoel dat de maatschappij die memo nog niet heeft gehad. Met name wanneer het over ouder wordende vrouwen gaat (hallo, Madonna), blijkt er nog altijd een zeer sterke behoefte te zijn om iets te zeggen in de trant van: 'Gedraag je naar je leeftijd.' Maar waarom? En hoe dan, precies? Ik heb ooit in een cadeaushop een tegeltje gezien waarop stond: 'Ik weet niet hoe ik me moet gedragen naar mijn leeftijd want ik ben deze leeftijd nog nooit geweest.' Ik vind het jammer dat ik dit tegeltje niet heb gekocht want het is zo waar. Verderop in dit boek ga ik hier nog uitgebreid op in, maar voor nu wil ik alvast zeggen dat het overduidelijk is dat er een enorm verschil zit in het beeld van de ouder wordende man versus de ouder wordende vrouw. Kort samengevat: mannen verouderen als wijn, vrouwen als melk. Zegt men. Maar wie is toch die 'men'? Dat zijn wij uiteindelijk toch zelf, als maatschappij – mannen én vrouwen?

Dat ook vrouwen kritisch of ronduit bitchy kunnen zijn over het uiterlijk of het gedrag van ouder wordende seksegenoten, heeft me enigszins verbaasd. Van mannen was ik het al langer gewend. Toen ik op mijn achtendertigste *Holland's Next Top Model* presenteerde, vroeg een journalist aan mij of ik het niet heel confronterend vond, zo tussen de achttienjarigen. Ik begreep eerst niet eens wat hij bedoelde. Confronterend? Ik mocht niet alleen een succesvol televisieformat presenteren met een miljoen kijkers voor de livefinale, maar ik had ook net een gastrol gekregen in een aflevering van *America's Next Top Model*. Ik was hartstikke happy. Voelde me *on top of my game*. Maar wat vermoedde hij dat mij zou bezighouden? Dat ik twintig jaar ouder was dan de kandidaten. Ik moest daar toen zo om lachen, maar in de auto terug naar huis dacht ik: het is ook onthutsend. Ik had in de modebusiness alles bereikt waar de kandidaten alleen nog maar van konden dromen en in mijn televisiecarrière was ik op een punt beland dat ik grote liveshows mocht presenteren. Maar mocht ik daar zelfvertrouwen uit putten? Nee. Want het zou voor mij vast heel moeilijk zijn dat de kandidaten jonger waren dan ik. Eén zo'n simpele vraag onthulde zoveel stereotypering en seksisme dat ik het een tijdje als voorbeeld heb gebruikt van de kleine maar vinnige steekjes onder water die je als vrouw kunt krijgen.

Totdat ik veertig werd, en een andere journalist met een fraai nieuw voorbeeld op de proppen kwam. Ik had zojuist een groot contract gesloten voor mijn eigen lingerie- en badmodelijn, waarvoor ik zelf model zou staan. Met een heleboel wensen en ideeën kwam ik bij het ontwerpteam: ik wilde bijvoorbeeld mooie bikinitops die geen harnas waren maar desondanks goede ondersteuning boden voor de wat grotere Nederlandse cupmaten, zodat je kon volleyballen op het strand en de zee in kon duiken terwijl alles gewoon op z'n plek zou blijven zitten. De eerste collectie was prachtig, heel draagbaar voor iedereen die wat meer nodig heeft dan een touwtjesbikini (en hebben we dat niet zo'n beetje allemaal?) en de campagnefoto's waren mooi. Dus daar zat ik, stralend van trots naast de artikelen, waarop een mannelijke journalist vroeg: 'Daphne, een lingeriecampagne op je veertigste, hoe moet ik dat zien? Als een voetballer op leeftijd die nog één keer de Europacup wil spelen voordat hij met pensioen gaat?' Nou, kom d'r maar in met je snedige antwoord. Wetenschappers kunnen wel zeggen dat het beter is voor je lijf om je jonger te voelen en de vooroordelen over ouder worden niet te geloven, maar feit is dat we vanuit de media bestookt worden met die vooroordelen. Ouder worden wordt vaak geassocieerd met verlies: van vruchtbaarheid, gezondheid, aantrekkelijkheid. Terwijl ouder worden niets anders betekent dan dat je... lééft. Het brengt vooruitgang, verdieping en geestelijke groei. Het brengt leven.

In het jaar dat ik vijftig werd, overleed mijn vader op zijn achtenzeventigste aan de gevolgen van vasculaire dementie. Ik was helemaal klaar met al die vragen van journalisten over 'hoe erg' ik het vond om op de halve eeuw af te stevenen. Ouder worden – liefst in goede gezondheid – is een privilege, een cadeau dat niet iedereen is gegeven. Oud is ook een relatief begrip. Natuurlijk, er is een biologische leeftijd, en die hoeft helemaal niet ontkend te worden, maar er is ook een psychologische leeftijd: je hebt uitgebluste dertigers en vitale zestigers. Dat ontkennen, daar heb ik zelf trouwens ook aan meegedaan. Toen ik veertig werd, riep ik zoals iedereen in die tijd: 'Veertig is het nieuwe dertig!' maar eerlijk gezegd vind ik die kreet nu een beetje onzinnig. Ik begrijp de bedoeling erachter: dat je nog fit bent, in de bloei van je leven. Maar waarom moet daar een tien jaar jongere leeftijd bij worden gehaald? Veertig, vijftig, zestig: je bent dan nog fit. Je voelt je geen dertig en zou ook geen dertig meer willen zijn. Dus

‘Ik ben de vijftig voorbij.
Onderschat mij maar.
Het raakt me niet meer.
Op een zeker moment laat
je je zelfwaardering niet meer
afhangen van wat anderen van
je vinden.’

STINE JENSEN,
filosoof

toen ik vijftig werd en allemaal grappige verjaardagskaarten kreeg met: 'Vijftig is het nieuwe veertig!' dacht ik: lief bedoeld, maar vijftig is gewoon vijftig. En dat is helemaal oké. Ik voel me jong van geest omdat dit prima bij mijn leeftijd past.

Laatst vroeg een vriendin: 'Mag ik ook oud van geest zijn? En dan op een manier waarop dat levenskrachtig betekent, en niet krakkemikkig?' Het zou mooi zijn als het daar uiteindelijk naartoe gaat. Dat je niet meer hoeft te zeggen dat je je tien jaar jonger voelt om aan te geven dat je vitaal en ondernemend bent, maar dat je leeftijd dat 'gewoon' impliceert. Ik zag van de week een 30 km-wagentje met een sticker op de achterruit: *Proud to be Oud!* Daar moest ik om lachen, want is dat niet het ultieme doel? Mensen willen vaak al niet eens van middelbare leeftijd genoemd worden omdat dit zo gezapig klinkt. Mijn zure Franse leraar van het vwo, die iedere les opende met: 'Goedemorgen jongelui, jong en vooral lui' – die was van middelbare leeftijd. Maar ik toch niet? Nou eh, ik ben vijfenvijftig, dus als dit het midden is, zou ik honderdtien moeten worden. Nee, je middelbare leeftijd is al rond je veertigste. Maar dan ben je nog helemaal niet klaar voor dat etiket. Waarom niet? Omdat ook daar negatieve connotaties aan kleven. Het doet denken aan kale inhammen, aan de onvermijdelijke 'tijd voor een tatoeage' (yup, ik heb er ook een genomen) en de midlifecrisis. Nu ik het er toch over heb: waarom heet het eigenlijk de midlifecrisis? In het voorwoord schreef ik al dat woorden ertoe doen. Ja, het is een periode waarin een verschuiving plaatsvindt maar waarom noemen we het dan bijvoorbeeld niet de *midsommer*? Naar die prachtige tijd van het jaar waarin de hoogzomer langzaam naar de herfst beweegt, met z'n volle bomen, de rijpe oogst en het diepe avondrood. Daar wil je toch zijn?

Gelukkig zie je langzaam een kentering komen met bladen als *Zin*, *Saar* en *Nouveau*, die vrouwen van vijftig- en zestigplus niet alleen op hun omslagen zetten, maar ook belangstelling tonen voor wat ze te vertellen hebben. Het werd ook een keer tijd, aangezien meer dan de helft van de Nederlanders boven de vijftig is – net als de meeste bladenlezers en de meeste tv-kijkers. Dit demografische gegeven kan niet vaak genoeg herhaald worden, omdat media en adverteerders het nogal eens lijken te vergeten. De best agers willen niet alleen maar aangesproken worden met tv-commercials over makkelijke kiepstoelen en het kabbelende Zwitserleven-gevoel: er wordt nog volop gewerkt en carrière gemaakt en vergeet het mantelzorgen niet, en we willen ook nog naar Oerol en naar Taylor Swift. Maar – en hier komt het realisme even om de hoek kijken – dat wil niet zeggen dat het niet toch heel belangrijk is dat je begint na te denken over je pensioenverzekering. Want 'oud' mag dan over vijftien jaar zijn, het geld waarvan je na je pensionering moet gaat leven, moet je nu verdienen. Ook lichamelijk en geestelijk verandert er natuurlijk het een en ander wanneer je ouder wordt. In de komende hoofdstukken ga ik een aantal van die onderwerpen bespreken omdat het dingen zijn waarop je kunt (en moet) anticiperen, ook al voel je je nog zo fit.

Wat ik erg leuk en ook geruststellend vind, is dat veel ouderdomskwaaltjes nauwelijks nog een taboe zijn – kijk alleen al naar het grote succes van *Wen er maar aan* van Maike Meijer, het schaamteloos geestige boek over het grote en kleine verval in het leven van een actrice die bijna vijftig wordt. Of ze nu beschrijft hoe ze op een dag in de spiegel kijkt en een AliExpress-versie van zichzelf ziet, of dat ze bekent dat wanneer haar man haar beft ze eigenlijk vooral zijn grijzende kruin ziet die haar vervolgens aan een Histor-verfwaaier doet denken – het is allemaal even hilarisch. Ik weet niet of de tijd tien jaar geleden al rijp was geweest voor zo'n boek. Ik denk dat alles nu op zijn plaats valt en er een belangrijke shift gaande is omdat een zeer mondige generatie inmiddels ruim de vijftig is gepasseerd: een generatie waarvan vooral de vrouwen het ouder worden opnieuw willen definiëren. Hardop kunnen lachen over 'tekortkomingen' waarvan wij altijd te horen hebben gekregen dat we erover moesten fluisteren omdat we ons ervoor moesten schamen (urineverlies, buikvet, opvliegers) is enorm bevrijdend. Ook onder vriendinnen is het nu heel normaal om te vragen: 'Krijg jij ook een kalkoennek?' en: 'Hoe vaak moet jij er 's nachts uit om te plassen?' Als ik niet mijn urineverlies-door-niezen op een verjaardag boven een taartje had durven aankaarten, had ik ook nooit het trucje gehoord dat daarbij helpt: in je schouder niezen. Zo simpel kan het zijn.

Ik ben ook blij dat de overgang eindelijk de aandacht krijgt die het verdient: het is een ongelooflijk belangrijke fase voor 51 procent van de Nederlandse bevolking en we wisten er bijzonder weinig van af. Maar nu hebben we informatie. Het is niet meer zoals in de tijd van mijn oma, dat je geacht werd baringspijn in stilte te verdragen. Het is niet meer zoals in de tijd van mijn moeder, dat je geacht werd een postnatale depressie weg te drinken. En het is ook niet meer zo dat je de menopauze, met al z'n ontregelende rariteiten, lijdzaam hoeft te ondergaan. Het grappige vind ik trouwens dat mijn moeder de huidige belangstelling voor de overgang vaak een beetje overdreven vindt: 'Daar waren we vroeger helemaal niet mee bezig,' moppert ze dan. Nee, dank je de koekoek. Natuurlijk werden vrouwen vroeger óók wiebelig van alle hormonale veranderingen, maar er is lang (heel lang) tegen hen gezegd dat het zwakke geslacht nu eenmaal gevoelig was voor hysterie en overspannenheid. Dat zij zich ijzerenheinig door alle symptomen hebben geploeterd, wil niet zeggen dat wij dit nu ook nog hoeven te doen.

Ik wil ook nog iets anders aankaarten dat mijn moeder laatst vertelde. Ze had op een ochtend in de spiegel van de badkamer gekeken, iets wat ze iedere dag doet, maar dit keer dacht ze: ben ík dat? Hoe ben ik toch opeens tachtig geworden? Mijn oma heeft ook eens zoiets gezegd: 'Je knippert twee keer met je ogen en je zit in een verzorgingstehuis.' Het deed me denken aan een column van Thomas van der Meer, die in *de Volkskrant* schrijft over zijn werk met hoogbejaarden. Hij zei: 'In het verpleeghuis is bijna iedereen verbijsterd dat-ie oud is.' Dat kan ik me heel goed voorstellen. Want zoals het mij nu verbaast dat ik 'opeens' de voeten van mijn moeder heb, zo komt er een dag dat ik de voeten van mijn oma heb. Nu mijn vader is overleden en mijn moeder tachtig is, ben ik de volgende in de lijn. Weet je nog de gelukscurve uit het voorwoord, die U-bocht? We zitten na ons vijfenveertigste in het pootje omhoog, maar vanaf je tachtigste wordt het gemiddeld gezien helaas wat minder. Sommige vrienden van mij hebben al zitten tellen hoeveel fitte en mobiele zomers ze nog in het verschiet hebben. Dat vind ik persoonlijk niet zo'n vrolijk sommetje want het zijn er verrassend... weinig. Daarom denk ik dat het belangrijk is dat je je leven niet alleen in de lengte leeft, maar vooral ook in de breedte. Blijkbaar komt de echte oude dag voor de meeste mensen veel sneller dan verwacht, dus zorg ervoor dat je ieder decennium ten volle benut.

We krijgen in dit leven volop kansen toegeworpen die we als zodanig moeten herkennen en waarderen: kansen op een goede relatie en een fijn gezin, kansen op dierbare vriendschappen, kansen om iets voor een ander te betekenen. Zeker in deze wereld waarin de mogelijkheden oneindig lijken, is het goed te beseffen dat het gras niet groener is aan de overkant. Het gras is groener waar je het water geeft; waar je de tijd en de moeite hebt genomen een vruchtbare bodem te maken. Dit geldt ook voor ouder worden: je leven is niet beter wanneer je jonger bent, je leven is beter wanneer je de rust en de ruimte hebt gecreëerd om meer dingen te doen die jou gelukkig maken. Hoe ouder je wordt, hoe meer kansen je krijgt om precies die dingen te doen – je moet ze alleen wel zien. Neem het lege nest. Daar heb ik het echt wel even moeilijk mee gehad. Op het hoogtepunt (of dieptepunt, het is maar hoe je het bekijkt) van de puberteit had ik een paar momenten waarop ik dacht: zal ik jullie vandaag nog helpen jullie koffers te pakken? Maar toen Emma en Alec eenmaal daadwerkelijk het huis uit gingen, had ik dat gevoel helemaal niet meer. Ik miste hun levendigheid, hun energie, maar ook mijn dagelijkse doel. Bijna twee decennia had mijn leven in het teken van De Kinderen gestaan. Natuurlijk had ik ook mijn eigen werk en andere bezigheden, maar iedereen die kinderen heeft, zal het kunnen beamen: ze gaan in je vezels zitten, in alles wat je doet.

Hun snot is jouw snot, hun proefwerk is jouw uittreksel, hun spreekbeurt jouw project. Voorleesmoeder, luizenouder, de *neverending* zwemles. Schooltijden, trainingsuren, huiswerkbegeleiding, orthodontist. Alles moest worden bijgehouden op het bord in de keuken. Niet alleen het avondeten werd eromheen gepland, maar ons hele sociale leven, de werkuren en de vakanties. Opeens hoefde dat allemaal niet meer. En niet alleen dat: er viel een gevoel van stilstand over me heen. Want je kinderen gaan verder – jij zwaait uit. Zij gaan naar nieuwe plekken, ontmoeten nieuwe mensen, ontdekken nieuwe talenten – jij blijft thuis. In een ouderlijk huis dat ogenschijnlijk hetzelfde is gebleven, maar dat toch heel stil en leeg en 'anders' is. In de eerste weken dat ik alleen thuis was, kon ik het niet laten om af en toe in de lege kamers van Emma en Alec te gaan zitten, en tegen mezelf te praten: weet je nog, daar stond het wiegje, daar stond de commode, daar het eerste echte bed... Toen heb ik best wat tranen gelaten. Al dacht ik ook: verrek, er ligt hier wel degelijk vloerbedekking. Had ik in geen jaren gezien, met al die kleding op de grond. Er verdwenen ook geen hakken meer uit mijn kast, de koelkast werd niet meer geplunderd en de energierekening was bijna gehalveerd. Het begon me te dagen dat er ook voordelen waren van het lege nest.

Natuurlijk heb ik de kinderen gemist, vooral ook omdat ik voelde dat die vertrouwde vorm van 'met z'n vieren in één huis' nooit meer terug zou komen. Maar op een gegeven moment voelde ik een positieve draai. Ik had opeens een heleboel tijd voor mezelf. Het bord in de keuken ging in de container, en er ontstond ruimte: in mijn hoofd en in mijn agenda. De kracht van ouder worden is dat je je realiseert dat je niet alleen maar staat uit te wuiven maar dat jij ook nieuwe plekken, projecten en talenten kunt gaan ontdekken. Richard en ik besloten een rondreis door Japan te gaan maken, en we vielen midden in de kersenbloesem. Iedereen kent de roze *sakura*; Japan staat er vol mee, en toeristen van over de hele wereld komen ernaar kijken. Maar wat daarna komt, vinden de Japanners minstens zo bijzonder. Want na de kersenbloesem loopt de Japanse esdoorn uit, en die blaadjes brengen volgens hen geluk: schoolklassen gaan ernaar kijken, verliefde koppels laten zich eronder fotograferen. De lenteblaadjes van de esdoorn zijn mooi van vorm en lichtgroen. Waarom de Japanners daar nu precies zo verliefd op zijn? Omdat diezelfde bladeren in het najaar vlammend rood kleuren. Dan gaan ze terug naar het park, met het hele gezin, om nieuwe foto's te maken. Japanners zien de esdoorn als een metafoor voor het leven: de jeugd is helder groen, vol belofte en geluk. Maar de oudere jaren zijn óók mooi, en kleurrijk geschakeerd. 'Het een komt voort uit het ander,' zei onze gids, 'en het is allebei even bijzonder.'

Ik denk dan ook dat je ouder worden niet moet zien als het verlies van je jeugd, maar veel meer als het herwinnen van je vrijheid. Getrouwde stellen met kinderen blijken het gelukkigst te zijn in de periode tussen het lege nest en de pensionering, en het ongelukkigst wanneer hun kinderen in de puberteit zijn. (Goh, shocker.) De meeste ouders die hun kroost hebben uitgezwaaid, bloeien op en steken hun vrijgekomen energie in nieuwe passies. Het is een periode van opladen en bijtanken, waarna je je vaak jonger voelt dan toen je nog

De kracht van ouder worden is dat je je realiseert dat je niet alleen maar staat uit te wuiven maar dat jij ook nieuwe plekken, projecten en talenten kunt gaan ontdekken.

ieder weekend de puberette 's nachts om vier uur uit een kroeg moest halen. Je zult misschien wel wat meer moeite moeten doen voor je sociale contacten: op het schoolplein, naast de tennisbaan en langs het voetbalveld ging dat iets meer vanzelf. Maar wellicht is dit ook een uitgelezen moment om eens grote opruiming te houden in je adressenboek: sommige vriendschappen hebben misschien hun beste tijd gehad. Ik merk dat ik de laatste jaren zuiniger ben geworden met mijn vrije uren en aan wie ik die wil besteden. Het gebeurt soms, helaas, hoe oud en vertrouwd sommige vriendschappen ook lijken te zijn, dat je ze wat helderder gaat zien. De kracht van ouder worden is dat je ogen dan wel achteruitgaan, maar dat je toch beter door mensen heen kunt kijken. Dat kan soms pijnlijk zijn, maar het kan ook rust creëren. Of, zoals een vriendin van mij altijd zegt: het houdt het aantal kerstkaarten lekker overzichtelijk.

Dit is jouw tijd. Tijd om te transformeren, je leven lichter te maken en je toekomst opnieuw in te vullen. Over ouder worden wordt zo vaak negatief gesproken

De kracht van ouder worden is dat je ogen dan wel achteruitgaan, maar dat je toch beter door mensen heen kunt kijken.

en gedaan dat we allemaal een tas meezeulen met daarin al die vooroordelen, ideeën, angsten en verwachtingen over wat het betekent om 'oud' te zijn. Weg met die ballast. Tijd om *the big picture* te zien. Ik wil graag alle positieve en vrolijke ervaringen benadrukken voor een betere verbinding met onszelf, ons ouder wordende lichaam en ons beeld van de toekomst. Daarbij is het belangrijk om je te realiseren dat alles wat je aandacht geeft, groeit. Weet je nog die kindertekeningen van vroeger, met die genummerde bolletjes van één tot vijftig? Als je daar een lijntje tussen trok, ontstond er een afbeelding. Alles wat we op een dag meemaken, is zo'n bolletje. Wanneer je aan het einde van de week alle negatieve ervaringen bij elkaar optelt, krijg je een heel ander beeld van je leven dan wanneer je de positieve punten met elkaar verbindt. Nu kun je je afvragen: heb ik wel genoeg leuke punten om er een positief geheel van te maken? Ja, zeker – als je ervoor openstaat. Als je de lichtpuntjes ziet. Je moet ze actief waarnemen. Daarom loont het écht om iedere dag een paar positieve dingen op te schrijven. Sommige mensen krijgen een beetje jeuk van het idee van zo'n braaf 'dankbaarheidsdagboekje' (heel eerlijk: daar was ik er ook een van) maar verdomd – het werkt. Het geeft je kracht. En daar gaat dit boek over.

KEN JE KUT

Wat weten we eigenlijk over de vagina? Verrassend weinig. En wat weten we over de ouder wordende vagina? Nog veel minder. Je zou ze de kost moeten geven, het aantal mannen dat denkt dat het maagdenvlies daadwerkelijk bestaat, dat urine en baby's uit hetzelfde gaatje komen, en dat het inbrengen van een tampon een lekker gevoel moet zijn. Niet dat ik zelf alles weet, hoor, ik leer ook nog steeds bij. Zo las ik laatst dat de buitenkant van de vrouwelijke geslachtsorganen de vulva heet, en de binnenkant de vagina. Ik dacht altijd dat dit synoniemen waren; ik geloof niet dat iemand mij dit verschil ooit heeft uitgelegd. Misschien dat ik het eens op school heb gehoord? Ik waag het te betwijfelen. De vrouwelijke anatomie heeft nooit hoog op de agenda gestaan – zelfs niet bij de NASA. Toen astronaut Sally Ride zes dagen naar de ruimte ging en haar toilettas werd samengesteld, vroeg NASA 'of honderd tampons genoeg zouden zijn'. Wat een grap. Maar waarom weten we eigenlijk zo weinig over de vagina en de vulva? Omdat de vrouwelijke seksualiteit heel lang volkomen oninteressant is gevonden. Bij de piemel, daar moest je wezen, dat was nog eens een apparaat. Kijk alleen al naar de benaming: mannen hebben edele delen, vrouwen hebben schaamdelen. Wat viel daar nou te zoeken? Wat moest je vinden? Een heleboel, zo bleek.

De clitoris is zeer lange tijd een knopje genoemd (wat leidde tot bijnamen als *the devil's doorbell*) maar dankzij onderzoek van de Australische uroloog Helen O'Connell kwam in 1998 de ware vorm in beeld: een volwaardig orgaan dat lijkt op een wensbotje (ha!) en wel tien centimeter lang kan zijn. In 2005 volgden de definitieve MRI-scans en in 2015 maakte de Franse wetenschapper Odile Fillod een 3D-model, zodat iedereen kon zien hoe het genotsorgaan van vrouwen er echt uitziet. Sinds 2021 staat de volledige clitoris eindelijk in de biologieboeken van de middelbare scholen afgebeeld. Geen moment te vroeg, zou je denken. We zijn al op de maan geweest en op de bodem van de Marianentrog, de diepste kloof op aarde, maar de spelonken van de vagina had nog nooit iemand van dichtbij bekeken. En toch was er in 2023 ophef over de Week van de Lentekriebels, de lagereschoolmodule over seksuele voorlichting, omdat in de hogere groepen zo'n 3D-model van een clitoris werd getoond. Een aantal ouders wilden hun kinderen niet blootstellen aan dit soort 'vunzigheid', maar wat is er precies op tegen om kinderen hun eigen organen te laten zien? Iedereen weet hoe een penis eruitziet; de graffiti van spuitende pikjes met harige ballen is letterlijk overal. Dus waarom niet aan kinderen laten zien hoe de clitoris eruitziet? Je leert ze toch ook: kijk, dit is je lever, dit zijn je nieren, dit zijn de twee kamers van je hart. En dit... is je clit.

Het grappige is: zodra ik het woord 'clit' typ, reageert mijn autocorrect: 'Clit? Bedoelt u niet clip, Clint, client, flit?' Ik dacht: wat is in godsnaam flit? Dat blijkt een insecticide te zijn. Mijn tekstprogramma denkt dus nog eerder aan Clint Eastwood en insecticide dan aan een doodgewone clit. Overigens heb ik pas recentelijk begrepen dat je het niet uitspreekt als *clitórus*, zoals mores en Dorus, maar als *clítorus*. Misschien valt dat ook onder de kracht van ouder worden: dat ik op mijn vijfenvijftigste eindelijk weet wat de correcte uitspraak van een van mijn eigen organen is. Ik vind het dan ook leuk om te zien dat onze 'schaamdelen' een revival doormaken. Je kunt nu zelfs een zilveren clitoris kopen voor aan een kettinkje. In mijn podcast *Daphne op Donderdag* had ik de uitgesproken schrijfster Stella Bergsma te gast en zij vertelde dat zodra iemand zegt: 'Daar moet je echt ballen voor hebben' zij dit altijd corrigeert naar: 'Daar moet je een clit voor hebben.' Dat vond ik zo geestig. Want inderdaad: waarom staan ballen te boek als stoer? Ballen zijn hartstikke gevoelig. De vagina daarentegen is een ijzeren meid die tegen een stootje kan: 3,5 kilo kind kan ze er in haar eentje uit persen. In de jaren zeventig had je Ken je Kut-avonden, waarop vrouwen in een kringetje met een spiegel hun vulva gingen bekijken. Die vibe is weer helemaal terug, maar nu in de ietwat gekuiste Prijs de Poenie-sfeer, masturbatielessen, of workshops kutcakes maken.

En het is nodig. Er zijn nog steeds een heleboel vrouwen die allerlei fabeltjes over hun eigen lichaam geloven. Een goed voorbeeld daarvan is de hardnekkige onzin rondom de menstruatie. Een collega van mij postte laatst een Instagram Story waarin ze aan het koken was met een vriendin. Die was er heilig van overtuigd dat haar ongesteldheid invloed had op de ingrediënten: zo zouden de eieren niet stollen en het deeg niet goed rijzen. Mijn collega had hier nog nooit van gehoord, dus zij deed een oproep: waren er meer vrouwen die hier last van hadden? Tot haar verrassing reageerden heel wat vrouwen bevestigend: ook hun menstruatie had een negatief effect op voedingsmiddelen. Mayonaise maken lukte niet, de soep werd smakeloos en ook slagroom kloppen kon je maar beter laten. Ik moest er eerst om lachen want ik probeerde me voor te stellen waarom een pan met kippensoep zich ook maar iets zou aantrekken van jouw lichaamsfuncties. Zo bijzonder is je menstruatie toch niet? Het hoort gewoon bij je biologie. Als je dringend moet plassen, kun je ook nog steeds slagroom kloppen. Zou het misschien aan het bloed liggen? Dat zou betekenen dat eieren ook niet meer willen stollen als je tijdens het koken een bloedneus krijgt. Of zou dat kleine beetje baarmoederslijmvlies de boosdoener zijn? Dat lijkt me sterk. Als je flink je neus hebt gesnoten en het zakdoekje zit vol mucus, gaat je mayonaise ook niet schiften.

Opeens realiseerde ik me dat dit onderwerp eigenlijk helemaal niet zo grappig is. Want al dit soort 'effecten' van de menstruatie zijn terug te voeren op achterhaalde ideeën over giftige dampen die ongestelde vrouwen zouden uitwasemen. In het Oude Testament stond al dat menstruerende vrouwen onrein zijn, en in de meeste religies zijn ze dat nog steeds. Dat men tweeduizend jaar geleden niet precies wist hoe de menstruatie werkt, is tot daaraan toe. Maar anno 2024 hoeven we echt niet meer te geloven dat je taart gaat inzakken omdat je baarmoeder een nieuw laagje slijmvlies aanmaakt. Menstruatiebloed heeft geen toxische stralingskrachten: bloemen gaan er niet van verwelken en fruit gaat niet verschrompelen. Logisch, hoor ik je denken. Toch zijn er nog hele volksstammen die dat geloven. In bepaalde regio's van Nepal moeten ongestelde vrouwen in een afgelegen hut gaan zitten. In veel landen mogen ze niet over een veld lopen waar groenten worden geteeld, omdat de oogst dan zou mislukken. In het traditionele jodendom mag je een menstruerende vrouw twee weken niet aanraken; je mag zelfs niks van haar aanpakken. In Bolivia mogen vrouwen die ongesteld zijn geen baby's vasthouden want die zouden daar ziek van kunnen worden. In Japan mogen ze niet koken want hun smaak is uit balans, en ook in Suriname moeten ze uit de keuken blijven omdat het eten anders bederft. Als dit soort bijgeloof nog steeds zo wijdverbreid is, is het de hoogste tijd voor beter onderwijs – al dan niet met kutcakes.

De reden waarom ik dit allemaal vertel, over mucus en mayonaise, is omdat ik het hier ook over de overgang wil hebben. En net zoals het heel lang heeft geduurd voordat men iets begreep (of wilde begrijpen) van de clit en de menstruatie, zo heeft het misschien nog wel langer geduurd voordat de medische wereld ook maar enige interesse kon opbrengen voor de menopauze en wat deze nu precies betekent voor de ouder wordende vrouw. De menopauze is geen recente ontdekking zoals de clitoris: uit oude geschriften blijkt dat de klassieke Grieken er al weet van hadden. In sommige gemeenschappen konden vrouwen na de menopauze bijvoorbeeld weer priesteres worden, omdat het leven erna werd gezien als een hernieuwde maagdelijke peri-

‘Er is eerlijk gezegd maar weinig voor nodig om tot “moeilijke vrouw” bestempeld te worden. Daarom zijn we met zovelen.’

JANE GOODALL,
Britse antropologe

ode. Maar verder? Dat er zoiets was als de vrouwelijke seksualiteit werd niet alleen hoogst onwaarschijnlijk geacht maar vooral ook hoogst ongewenst. Mannen deden aan seks en 'nette' vrouwen waren de ontvangers daarvan. Dat vrouwen eeuwenlang in groten getale in het kraambed stierven, werd verklaard vanuit de overtuiging dat ze nu eenmaal een zwak gestel hadden – het kwartje over het belang van hygiëne ter voorkoming van bacteriële infecties was duidelijk nog niet gevallen.

En toen, in 1582, was er opeens de Franse vrouwenarts Jean Liébault, die de meest verrassende dingen beweerde: dat vrouwen helemaal geen gemankeerde of slecht gelukte mannen waren, bijvoorbeeld. Dat genieten van seks ook voor vrouwen belangrijk was en dat gearrangeerde of gedwongen huwelijken niet oké waren. Hij schreef ook over opvliegers: die noemde hij *les petites rouges*, de korte blosjes. Dokter Liébault was ook een van de eersten die stelde dat menstruatiebloed geen toxische afscheiding was, maar gewoon... bloed. Helaas was niemand het met hem eens. Als je bedenkt dat mensen nu nog geloven dat menstruatiebloed ziekmakend is, kun je je wel voorstellen hoe daar in de middeleeuwen over werd gedacht. Men geloofde dat het zo giftig was dat planten er slap van gingen hangen en spiegels spontaan zouden beslaan. Zodra een vrouw niet meer menstrueerde, kon ze al dat gif niet meer kwijt. Geen wonder dus dat de gezondheid van een ouder wordende vrouw achteruitging: al die gifstoffen bleven vastzitten in haar baarmoeder. Het woord 'hysterie' komt niet geheel toevallig van het Latijnse woord voor 'baarmoeder': dat toxische ding maakte vrouwen overduidelijk irrationeel en onstabiel. Aldus de mannen. Af en toe probeerde iemand eens een andere mening te verkondigen, maar die werd snel weer vergeten – net als Jean Liébault.

In 1800 werd een heleboel wijn aangeraden als hét medicijn tegen vrouwelijke kwalen – wat niet veel verschilt van de sherry die mijn moeder van haar dokter moest drinken. Vrouwen die niet meer menstrueerden kregen vaak gevaarlijke mixen van medicijnen voorgeschreven die weliswaar bloedingen veroorzaakten, maar niet van de goede soort. Mannelijke artsen (lange tijd was er geen andere smaak) dachten dat het belangrijk was dat de bloedingen weer op gang kwamen, anders belandde je als vrouw in 'de kritische tijd' of, heel veelzeggend, de *women's winter*. Uiteindelijk was het een andere Fransman, Charles De Gardanne, die als arts in opleiding in 1812 de term 'menopauze' introduceerde. Op zich best een raar woord, want er pauzeert feitelijk niks. Dat er nu een officiële naam was voor het fenomeen waar alle vrouwen doorheen gingen, betekende echter niet dat er ook begrip was. In 1901 schreef Charles Reed, een Amerikaanse gynaecoloog, over de postmenopauzale vrouw: 'Ze komt opeens tot de conclusie dat haar charmes, haar jeugd, haar seksualiteit haar door de vingers glippen. Er wordt van haar gevraagd om slechts geestelijk gezelschap te zijn voor haar echtgenoot, of een seksloze hulp in huis.' Het zal niemand verbazen dat Reed van mening was dat mannen wel geweldig ouder werden: zij beleefden op middelbare leeftijd juist een bloeiperiode.

In 1966 publiceerde een andere Amerikaanse gynaecoloog, Robert Wilson, een bestseller over de vrouwelijke seksualiteit: *Feminine Forever*. Wilson schreef in dit boek dat de menopauze de 'castratie' en 'de-seksualisatie' van de vrouw was: na haar laatste menstruatie werd haar 'neergang' snel ingezet. Soms vraag ik me af of deze mannen dit daadwerkelijk geloofden of dat het een vorm van wensdenken was, zodat De Man als superieur kon worden neergezet. Want even voor de duidelijkheid: je mag als vijftigplusser in de overgang zijn – een seksloze hulp in huis ben je niet. Maar wat ben je wel? Wat is de overgang precies? Hoewel het inmiddels geen groot taboe meer is en er de laatste jaren steeds meer boeken, tv-programma's en podcasts over dit onderwerp zijn verschenen, wil ik toch nog even op een rijtje zetten wat de menopauze met je doet, en waarom. De postmenopauzale vrouw is namelijk zoveel meer dan een lege eierdoos – ze is een *force of nature*. In de podcast *Wijzevrouw* hoorde ik iemand het mooi zeggen: een meisje dat begint met menstrueren krijgt haar kracht. Een vrouw die bevalt van haar baby gebruikt haar kracht. En een vrouw na de menopauze wordt haar kracht. Dus kom maar op met die Ken je Kut-workshops, nu willen we ook alles weten!

Wanneer een meisjesbaby ter wereld komt, heeft ze al haar eicellen al bij zich. Dat vind ik een romantisch idee: de twee eicellen waar mijn kinderen uit zijn voortgekomen, heb ik dus altijd al bij me gehad. Sterker nog, ik had ze al toen ik zelf nog in de buik van mijn moeder zat. Tijdens je vruchtbare leven komen een paar honderd van die eicellen tot rijping, maar de meeste sterven af en ergens na je vijftigste zijn ze allemaal op. Voor je lichaam is dit geen 'O, wat gebeurt er nu?'-moment: het werkt hier al minstens vijf jaar naartoe. Deze periode heet de perimenopauze, en veel vrouwen merken in deze jaren dat hun menstruatie begint te rommelen. De menopauze zelf is niets anders dan het moment van je laatste menstruatie. Wanneer je twaalf maanden niet ongesteld bent geworden, ben je door de menopauze heen en begin je aan de postmenopauze: een tijd van gemiddeld nog eens vijf jaar met een heleboel ander gerommel. Deze drie periodes bij elkaar heten de overgang. Vrouwen gaan hier al doorheen sinds het jaar kruik, maar de World Health Organization, de WHO, heeft pas in 1996 officieel gedefinieerd dat de perimenopauze bestaat, en wat het precies is. De gemiddelde Nederlandse vrouw beleeft rond haar eenenvijftigste de menopauze (met uitschieters naar boven en naar beneden) maar in de jaren daarvoor, als ze nog gewoon menstrueert, begint haar hormoonfabriekje al langzaam anders te werken. De eierstokken zien het einde van de productielijn in zicht komen, en denken: we gooien nog even alles in de strijd.

Veel vrouwen ervaren rond hun veertigste een enorme opleving van hun seksualiteit: ze voelen zich opeens supergeil, avontuurlijk en aantrekkelijk; aangejaagd door hun hormonen die nog even de laatste paar knappe eitjes in de etalage willen zetten. Ik heb dat zelf ook ervaren. Mijn kinderen gingen naar de brugklas, waardoor ik het gevoel had dat ze niet meer aan mijn been hingen en ik mama-af was, en weer in mijn blote kont door het huis kon rennen. Tenminste, zo verklaarde ik mijn eh, piekervaring. Hoewel het ongetwijfeld heeft meegespeeld dat de plakhandjesfase voorbij was en ik weer hoge hakken kon dragen zonder in knikkerputjes te blijven hangen, begreep ik pas later dat mijn hormonen hier een grote rol in hadden. Het woord 'hormoon' is afgeleid van het Griekse *hormáo* dat 'in beweging zetten' betekent. Hoe meer je je verdiept in de werking van je hormonen, hoe meer je je realiseert dat ze niet alleen onze lichaamsfuncties in beweging zetten, maar ook ons gedrag beïnvloeden. De eierstokken produceren oestrogeen en progesteron, en deze twee vrouwelijke geslachtshormonen zijn jarenlang de kapiteins op je schip. Ze regelen niet alleen je menstruatiecyclus en je vruchtbaarheid, maar beschermen ook je hart- en bloedvaten, houden je hersenen scherp, je huid elastisch en je humeur op peil. Ze gaan botontkalking tegen, zorgen voor gezond cholesterol, een goede slaap, soepele slijmvliezen...

Zodra de productie van deze hormonen langzaam begint af te nemen, ontstaat er in je lichaam een kettingreactie van allerlei haperende processen. Dit kan gepaard gaan met behoorlijk heftige symptomen. Hierbij is het goed te onthouden dat het de overgang heet, en niet de ondergang. Het gaat dus weer over. Je lichaam gaat een nieuwe balans vinden en je komt er uiteindelijk krachtiger uit – al duurt dat nog even. In Nederland krijgt ongeveer 80 procent van de vrouwen overgangsklachten. De helft hiervan heeft veelvoorkomende klachten zoals opvliegers en nachtzweten, maar bij 30 procent van de vrouwen zijn de klachten zo hevig dat een behandeling is gewenst. Maar een behandeling bij wie? En met wat? Het zal geen verrassing zijn dat het erg lang heeft geduurd voordat de medische wereld accepteerde dat overgangsklachten geen natuurverschijnselen zijn zoals storm of regen 'waar je nu eenmaal doorheen moet', maar serieuze lichamelijke en geestelijke klachten waar oplossingen voor zijn, medicatie, hulpmiddelen, die het leven van een vrouw in de overgang veel aangenamer maken. Rebecca Thurston, een bekende Amerikaanse menopauze-onderzoeker, heeft eens gezegd dat we 'een hoge tolerantie hebben voor vrouwelijk lijden'. Ik kan haar niet anders dan gelijk geven. Maar nu we beter weten, moeten we ook beter doen.

De meeste vrouwen merken dat ze in de perimenopauze zijn gekomen doordat hun cyclus onregelmatig begint te worden: de ene maand komt de menstruatie te snel, de andere maand duurt het juist te lang. Wanneer je richting de menopauze gaat (dus richting je laatste menstruatie) krijgen veel vrouwen last van hevige bloedingen, vaak zelfs met stolsels erin. Ook dit wordt veroorzaakt door je haperende hormonen, maar omdat niemand mij ooit had verteld dat dit een normaal overgangsverschijnsel is, dacht ik dat er god weet wat met me aan de hand was. Het bloed gutste in klodders uit mijn lijf. Ik was net flink ziek geweest, dus ik was bang dat het daarmee te maken had. Ik vertelde hiervoor dat de gemiddelde Nederlandse vrouw op haar eenenvijftigste stopt met menstrueren, maar bij mij gebeurde het veel eerder: ik had mijn menopauze al op mijn drieënveertigste. Het jaar ervoor had ik een multiresistente bacterie opgelopen, een moeilijk uit te roeien E. coli die nauwelijks reageerde op antibiotica en die me een nierbekkenontsteking had bezorgd. Ik had twee keer in het ziekenhuis aan een antibioticapomp gelegen, er was een camera door mijn urinebuis gegaan, ik had zelf blaasspoelingen moeten doen en nog een jaar lang preventieve antibiotica moeten slikken. Dit hele circus was nog maar nauwelijks voorbij, of ik kreeg die heftige bloedingen. Na alle pijn en stress had ik het helemaal gehad met mijn onderkant.

Mijn toenmalige huisarts zei dat ik vooral moest ontspannen, dan kwam mijn normale, regelmatige menstruatie vast weer op gang. Dat gebeurde niet, maar er gebeurden wel allerlei andere dingen. Zo kreeg ik bijvoorbeeld een opgeblazen gevoel; soms leek het wel of ik een basketbal had ingeslikt. Steeds vaker moest ik mijn broek op de vreethaak doen, anders kreeg ik geen lucht. Ook in de auto zat ik graag met mijn knoop en mijn rits wijd open, waardoor ik een keer half ontkleed een benzinepomp ben binnengelopen – wat ik overigens pas merkte toen ik weer in de auto zat. (Ja, mensen hadden naar me gekeken. Maar deze ijdele muts dacht dat dit kwam omdat ik een bekende kop heb.) Door die gezwollen onderbuik in combinatie met het wegblijven van mijn menstruatie schrok ik op een gegeven moment wakker: ik zou toch niet… zwanger zijn? Alleen al het idéé van een baby naast mijn twee pubers bezorgde me het zweet op de rug. Het zweet stond in die tijd wel vaker op mijn rug want mijn lichaamstemperatuur was opeens gestegen. Ik, de koukleum van de familie, trok steeds meer kleding uit. Dan vroeg ik aan mijn man en kinderen: 'Hebben jullie het ook zo warm?' Als ze me dan aankeken of ik koekoek was ('Mam, het is december') kon ik wel iemand slaan. Dat benauwde me nog het meest: het korte lontje dat ik had gekregen. Ik heb niet vaak opvliegers gehad, maar ik ben wel opvliegend geweest. Slaande deuren! Ik had maandenlang het gevoel alsof ik een te krappe jas aan had. Alles benauwde me. Wat mankeerde mij?

Dus ik weer terug naar de dokter. Ik vertelde dat ik inmiddels al een jaar niet meer ongesteld was geweest, en dat ik weleens had gehoord dat je dan in de overgang bent. Weet je wat hij zei? 'Weet je zeker dat je geen anorexia hebt?' Sorry – wat? Anorexia? Ik weet dat je menstruatie kan wegblijven als je te lang te weinig eet, maar wat de fuck, het feit dat ik een smalle lichaamsbouw heb, wil niet zeggen dat ik een psychiatrische eetstoornis heb! De huisarts zei dat ik veel te jong was om in de overgang te kunnen zijn, en dat ik me misschien maar eens wat meer moest... ontspannen. Inmiddels was ik allesbehalve ontspannen. Ik kon me nauwelijks nog concentreren, lag 's nachts in mijn bed te zweten en voelde geregeld een zeer duidelijke trilling in mijn baarmoeder, alsof ik een mobieltje had ingeslikt. Later begreep ik dat ook dit een veelvoorkomend overgangsverschijnsel is – al weet niemand precies waarom je baarmoeder trilt. (Ik denk dat het een alarm uit de machinekamer is: de kolen zijn op.) Waarom kwam niemand op het idee dat ik in de overgang was? Ik schreef eerder dat er de laatste jaren een inhaalrace gaande is met steeds meer informatie over de menopauze, maar toen ik ruim twaalf jaar geleden aan dit avontuur begon, dacht zelfs de huisarts dat ik er te jong voor was. Weet je wie het wel wist? Actrice en schrijfster Isa Hoes.

Ik had een interview met haar gelezen waarin ze heel gepassioneerd vertelde dat er meer aandacht moest komen voor alle ins en outs van de overgang waar zij zelf op dat moment ook doorheen ging, en dat ze er samen met Medina Schuurman een boek over aan het schrijven was. In dat artikel las ik voor het eerst dat de overgang ook de nodige mentale problemen met zich mee kan brengen: concentratiestoornissen, moeite om ergens mee te beginnen, niks af kunnen maken, sombere gevoelens, besluiteloosheid. Oestrogeen is betrokken bij de goede werking van de neurotransmitters in je hersenen: stofjes zoals serotonine die je blij en evenwichtig maken. In de overgang kan je psychische gesteldheid tijdelijk wat gaan wiebelen doordat je lichaam steeds minder oestrogeen ter beschikking heeft, waardoor het naarstig op zoek gaat naar een nieuwe balans. Weten dat dit gaande is, kan je veel onrust besparen. Weet je hoeveel vrouwen te horen krijgen dat ze een burn-out of zelfs een depressie hebben terwijl ze eigenlijk 'gewoon' in de overgang zijn? Toen ik het interview met Isa las, dacht ik zelf ook dat ik een burn-out had. Ik vond het namelijk ongelooflijk moeilijk om me te concentreren, vooral op tekst. Het leek soms wel of ik de letters niet meer goed in me op kon nemen. Ik heb het nooit eerder verteld omdat ik het een beetje gênant vond, maar het was een van de hoofdredenen voor mij om te stoppen met mijn werk als presentator van *RTL Boulevard*.

Het programma is live, en daar houd ik normaal gesproken van want livetelevisie is snel, spannend en onvoorspelbaar. Op een gegeven moment vond ik echter vooral mezelf onvoorspelbaar. Ik moest iedere uitzending openen met een lange autocue-tekst en daar had ik nooit problemen mee gehad, maar het gebeurde steeds vaker dat ik live op zender was en begon met praten... en vervolgens niet begreep wat ik zei. Ik dacht: blijven lachen, gewoon doorpraten, je bent live in de huiskamer, maar de woorden van de autocue drongen niet tot me door. Het leek wel of er een soort *disconnect* was ontstaan tussen mijn brein en de tekst. Ik durfde dit niet bij de redactie aan te kaarten, want wat had ik moeten zeggen: ik snap mijn eigen woorden niet? Wat was dit voor een hersenmist? Misschien had de huisarts wel gelijk en moest ik me meer ontspannen. Ik presenteerde in die tijd veel afleveringen en schreef tegelijkertijd aan een roman, maar ook dan dansten de woorden voor mijn ogen. En ook als ik de ondertiteling van een film las, moest ik vaak twee keer kijken. Toen ben ik maar gestopt met presenteren. Want ik dacht: ik heb ergens een mentale overload, misschien ook van mijn niet altijd even makkelijke pubers, en daar moet ik dringend iets aan doen. Nu ik dit schrijf, wil ik naar mijn computer schreeuwen: Je Was In De Overgang! Maar ik wist het niet. Totdat ik Isa Hoes toevallig tegenkwam op een première.

Ik vertelde haar dat ik het interview had gelezen en dat ik veel symptomen herkende, maar dat de huisarts had gezegd dat ik te jong was voor de overgang. Daar moest ze om lachen en ze zei: 'Nou, dan heb ik nieuws voor jou en voor je huisarts.' Ik kreeg van haar die avond een korte masterclass en daarna heb ik de hele weg naar huis gehuild van opluchting. Ik was niet gek, ik was niet ziek, ik was niet overspannen en ik was zeker niet beginnend dementerend (daar was ik best wel bang voor omdat mijn vader net zijn diagnose had gehad) – ik was gewoon in de fokking overgang. Al die rare kwaaltjes van tranende ogen, jeukende oren, een baardhaar die uit mijn kin was gaan groeien en de herverdeling van vet in mijn lichaam (zoals een vriendin van me zei: 'Mijn kont is op mijn buik gaan zitten') – allemaal de overgang. Isa Hoes gaf me de naam van een overgangsconsulente en ik heb meteen een afspraak gemaakt. Zo'n consulente is een verpleegkundige die nog een aantal jaren een gedegen studie heeft gevolgd en staat ingeschreven bij de VVOC, de Vereniging Verpleegkundig Overgangsconsulenten. Dit zeg ik er even bij omdat de titel 'hormoondeskundige' in Nederland niet beschermd is: iedereen kan zich zo noemen. Jij ook. De echte deskundigen zijn endocrinologen die zich na hun studie geneeskunde nog zes jaar hebben gespecialiseerd in hormoonaandoeningen en stofwisselingsziekten.

Hoe meer de menopauze in de belangstelling is komen te staan, hoe meer hormoon-experts en -coaches erbij zijn gekomen. Kies vooral iemand die bij jou past,

De kracht van ouder worden is weten dat jij het heft in handen kunt nemen om te doen waar jij je goed bij voelt.

maar let erop dat de adviezen niet uit de pseudowetenschappelijke hoek komen. Het is namelijk niet zo dat alle 'natuurlijke' kruiden automatisch goed voor je zijn. Zo kan sint-janskruid juist een hormoonverstorende werking hebben in combinatie met bepaalde medicijnen. Iedere overgang is anders en iedere vrouw heeft zo haar eigen wensen en overtuigingen. De kracht van ouder worden is weten dat jij het heft in handen kunt nemen om te doen waar jij je goed bij voelt. Mijn overgangsconsulente heeft me eerst fyto-oestrogenen laten proberen: als je milde klachten hebt, willen plantaardige hormonen ook nog weleens helpen. Bij mij was dat niet het geval, dus daarna begon ik met hormoonsuppletie: oestrogeenpleisters en een pil progesteron. Het effect daarvan was shocking. Ik kon niet geloven wat er gebeurde, het was alsof iemand me weer rechtop had gezet. Ik zweette 's nachts niet meer, had minder pijn in mijn gewrichten, mijn opgeblazen buik verdween, ik voelde me niet meer opgejaagd en had veel meer geduld. Maar het belangrijkste was dat ik weer kon nadenken. Mijn concentratie was terug, mijn besluiteloosheid was weg en ik had weer energie voor tien. Ik ben er best emotioneel over geweest omdat ik me realiseerde dat ik jarenlang voor niks zo in de knoop had gezeten.

Hoewel huisartsen inmiddels veel bereidwilliger zijn om vrouwen met overgangsklachten door te sturen naar een gynaecoloog of overgangsconsulente, zijn er helaas nog steeds behoorlijk wat die hormoonsuppletie nergens voor nodig vinden, of zelfs gevaarlijk. Oestrogeenpleisters, -crèmes of -sprays zijn ook niet voor iedereen geschikt: wanneer er bijvoorbeeld in jouw directe familie borstkanker voorkomt, kun je er beter niet aan beginnen. Maar het verhaal dat je van hormoonsuppletie juist meer kans zou hebben op borstkanker is allang achterhaald. Overgangsmedicatie bevat slechts een fractie van de hormonen die de anticonceptiepil bevat, en die blijven (te veel) vrouwen erg lang doorslikken. Dat zou ik je wel afraden. Als je een uurtje de tijd hebt, kun je misschien naar mijn podcastinterview met gynaecoloog Dorenda van Dijken luisteren, dé Nederlandse specialist op het gebied van de menopauze. Zij vertelt je alles wat je wilt weten – in klare taal.

Dorenda zegt ook: koester je buikvet. Wanneer je eierstokken ophouden met het produceren van oestrogeen, gaat je lichaam haar aandacht richten op een plek waar wel nog een beetje van dat hormoon wordt aangemaakt: je buikvet. Gedurende de overgang krijg je dat kleine buikje er dan ook niet af: je lichaam is er veel te blij mee. Dit betekent echter niet dat je tijdens de overgangsjaren zomaar alles kunt eten en drinken wat je wilt. Helemaal niet zelfs – sorry. Gedurende de overgang komen vrouwen gemiddeld zo'n drie kilo aan. Sommige vrouwen komen helemaal niet aan of vallen zelfs af, en anderen krijgen er tien kilo bij, maar het gemiddelde is dus drie kilo. Bij gewichtstoename in de overgang spelen veel verschillende factoren mee. Je metabolisme wordt bijvoorbeeld langzamer, dus als je blijft eten wat je altijd at, kom je aan. Dat klinkt oneerlijk, maar het is helaas een feit. Doordat je slechter slaapt, ben je overdag vaak moe en geprikkeld. Dit geeft een enorme drang naar troost-eten: lekker vet, zoet of zout, en liefst veel. Ik ben nooit een grote eter geweest maar toen ik in de overgang was, stopte ik steeds vaker bij een benzinepomp voor een frikandel (en liefst twee), of reed

‘Drie rondjes in de draaimolen
en je bent ineens bijna
zevenenzestig. Maar het heeft
ook voordelen: je weet een
heleboel. Dus je maakt je niet
druk. Je leert en je begrijpt dat
het leven een golfbeweging is,
dat je in een stroming zit,
yin-en-yang-gedoe.’

ARJAN EDERVEEN,

acteur

ik langs de McDrive voor kipnuggets. En maar boeren daarna, want ook dat is een overgangskwaaltje. Bij *RTL Boulevard* was elke vrijdag vette-bek-dag en daar kon ik me enorm op verheugen. Alleen al van de geur van die schaal met bitterballen, mini-frikandellen en kaassoufflés werd ik dolgelukkig. Ik ben blij dat deze craving grotendeels voorbij is, want het is natuurlijk geen wonder dat ik een opgeblazen buik kreeg van al die gefrituurde troep. Als je snakt naar iets zoets of zouts, besef dan waar die behoefte vandaan komt en gun jezelf af en toe wat ongezonde shit. Maar een menu van verse groenten, peulvruchten, noten en zaden, volkoren granen en olijfolie is nu echt veel beter voor je.

Later kom ik nog uitgebreid terug op het belang van goede voeding wanneer je ouder wordt, maar nu wil ik dit alvast gezegd hebben: vijftigplus is dé leeftijd om te stoppen met alcohol, of er drastisch mee te minderen. Je lever kan die stress er even niet bij hebben, en je krijgt er opvliegers van. Ik wil je niet in de gordijnen jagen want ik weet hoeveel vrouwen gehecht zijn aan hun wijntje, maar er is helaas een sterke link tussen alcohol en borstkanker. Is er ook nog iets wat wel helend kan zijn voor het veelgeplaagde lichaam in de overgang? Ja, sport en beweging – al is het maar wandelen. Door al die kutkwaaltjes kun je soms denken: ugh, ik blijf liever thuis op de bank zitten (geloof me, dat heb ik ook vaak gedacht) maar juist voor de hersenmist en natuurlijk ook voor je gewrichten is het belangrijk dat je je hart laat pompen en je bloed laat stromen. Je buikje wordt er niet minder van, dat komt later wel weer, maar soepele spieren en stevige botten zijn onmisbaar voor de ouder wordende vrouw. En voor de ouder wordende man – al ben ik benieuwd hoeveel van hen dit hoofdstuk tot hier hebben gelezen. Zodra mannen het woord 'overgang' horen, checken ze mentaal uit: het gaat niet over hen, dus dan vinden ze het sowieso moeilijk om hun aandacht erbij te houden. En ze vinden het niet zo sexy.

Dat hoor ik vrouwen overigens ook vaak zeggen: 'Ik bespreek de overgang liever niet met mijn man, want het is niet bepaald een sexy onderwerp.' Maar waarom zou het sexy moeten zijn? Waarom worden verouderingsverschijnselen van vrouwen altijd langs de 'wel of niet sexy'-meetlat gelegd? Zoveel kerels krijgen een kale kop, tietjes en een kantoorbuik – is dat soms wel sexy? *Nobody cares*, en zo zou het ook voor vrouwen moeten zijn. Het helpt natuurlijk niet dat cabaretiers er soms lelijke grappen over maken, zoals Hans Teeuwen over 'gore' menopauzale vrouwen in zijn voorstelling *Dat dan weer wel*: 'Dan ligt er dus een zwetend wijf in je bed, met een rooie kop en een verlept lijf, te mekkeren, en die vraagt dan: "Vind je me nog aantrekkelijk?" Wat denk je nou zelf?' Ik weet het, over humor valt niet te twisten, maar de lol hiervan ontgaat me een beetje. Als mannen 80 procent van hun testosteron zouden verliezen, zou er allang een universitaire leerstoel zijn opgetuigd. Maar voor die gore zweetmutsen? Nah. Nu is er wel degelijk zoiets als de penopauze, maar die verloopt veel zachter en geleidelijker, en onder aan de streep blijft er voor mannen genoeg testosteron over. In het tijdschrift *Saar* schreef Kluun een column over de vraag of die penopauze nu eigenlijk wel of niet bestaat. Hij begon met te zeggen dat hij 'mannen die zeuren over de penopauze van dezelfde bloedgroep vindt als vrouwen die beweren dat ze al tien jaar last hebben van de overgang'. Vrouwen beweren dit niet, Kluun, vrouwen beleven dit.

Vervolgens kwam hij tot het inzicht dat de penopauze wel degelijk bestaat, en schreef hij op een geestige manier over zijn minder harde erecties, zijn minder krachtige plasstraal en het onvermijdelijke nadruppelen. Ik zal je eerlijk zeggen dat ik best een beetje jaloers ben op de luchtigheid waarmee mannen hun lichamelijke 'aftakeling' kunnen en mogen bespreken. Het maatschappelijke beeld van een man lijdt niet of nauwelijks onder het ouder worden, omdat mannen zelf hebben besloten dat dit voor hen niet geldt. Wordt het niet tijd dat vrouwen dit ook besluiten? Waarom zouden mannelijke ouderdomskwalen zoals een dikkere buik grappig zijn ('Ik heb het lichaam van een god en die god is toevallig Boeddha') maar vrouwelijke kwalen zoals een drogere vagina goor? Hans Teeuwen mag dan klagen over 'slappe tieten', sommige mannen krijgen een zakkende zak. De zwaartekracht veroorzaakt niet alleen hangborsten; ook testikels weten de weg naar beneden te vinden. Er bestaat dan ook een chirurgische zaklift die ervoor zorgt dat oudere mannen hun uitgerekte scrotum weer netjes in hun Speedo kunnen vouwen. De penis is geen onaantastbare superheld; hij veroudert net zo goed. Hij wordt met de jaren minder stijf dus mannen slikken massaal viagra. Ook spuit het sperma niet meer tegen het plafond maar pruttelt er in een wat bescheidener boogje uit. Er is geen vrouw die dit goor of verlept vindt. Het is... normaal.

De veroudering van vrouwen zou ook normaal moeten zijn. In plaats van beschaamd te zwijgen over de effecten van de menopauze zouden vrouwen deze natuurlijke levensfase veel meer moeten claimen. Moeten *ownen*. Gelukkig gebeurt dat ook steeds meer: de vijftigplussers van nu zijn de eersten die de overgang op hun werk bespreekbaar (proberen te) maken. Erover praten en alles gewoon hardop zeggen geeft zoveel duidelijkheid – maar ook herkenning. Zodra één vrouw in je vriendengroep tijdens een samenzijn een overgangsklacht durft te benoemen als: 'Ik laat veel meer scheten, en ik kan ze ook niet meer tegenhouden!' blijken veel meer vriendinnen daar last van te hebben. Je bent niet alleen. Sterker nog: vaak blijkt er al iemand heimelijk in haar eentje (want gênant) een oplossing te hebben achterhaald. Voor urineverlies bestaan er bekkenbodemoefeningen en speciale incontinentie-tampons. En voor de drogere vagina is er niet alleen glijmiddel (liefst op siliconenbasis) maar ook plaatselijke hormoonzalf. De kracht van ouder worden is dat je durft te vragen. Zeg het, deel het, laat je helpen en help op jouw beurt weer anderen. Stella Bergsma, die zichzelf de Menopaus noemt, zei in mijn podcast dat vrouwen veel vaker onbescheiden en onbeschaamd moeten durven zijn: 'Een van mijn missies is het bevrijden van de kut.' Ja, de vagina wordt ook ouder – *so what?* Het is nog steeds een pittige meid.

Wanneer je ouder wordt, wordt de vaginawand dunner en minder elastisch. Het harde porno-rammen is dan niet zo gezellig meer – voor zover het dat ooit was. Waar porno vroeger bestond uit stoute *oh la la*-filmpjes en jolige 'Tirolers' op een hooizolder, is het de afgelopen decennia uitgegroeid tot een extreme sport waarbij de hardhandige mannelijke acteurs als doorgesnoven stukadoors alle gaten en kieren moeten dichten met hun behangersplak. Wie heeft daar nou zin in? Het lijkt niet eens meer op seks. Uit onderzoek is gebleken dat het niet waar is dat vrouwen in de overgang minder zin hebben in seks – al zitten er wel wat haken en ogen aan. Wanneer je bijvoorbeeld last hebt van nachtzweten en slapeloosheid, wil je aan jouw lijf even geen polonaise. Het duurt soms ook wat langer om vochtig te worden en door de dunnere vaginawand kan de boel na het vrijen gaan schrijnen. Na de seks kun je trouwens beter geen vaginale verfrissingsdoekjes gebruiken: die drogen de vagina vaak nog meer uit. Dit soort mentholdoekjes en speciale was-emulsies zijn sowieso niet nodig; met water kun je jezelf prima schoonhouden. Veel vrouwen zijn echter bang dat hun vagina niet lekker ruikt. Het is misschien goed om te weten dat dit 'probleem' (los van een infectie natuurlijk) door de commercie is bedacht om die bewuste vochtige doekjes te slijten. Weet je waaraan je dat kunt zien? Aan

De kracht van ouder worden is dat je durft te vragen.

het feit dat er een heel schap vol ligt met 'dameshygiëne' maar dat er nergens een poetsproduct voor mannen is. Waar zijn de voorhuidvaatdoekjes? Mannen hebben ze niet nodig – en wij ook niet.

Weet je wat ik trouwens weleens eerder had willen weten? Dat ook je schaamhaar grijs wordt. Op de een of andere manier heb ik me dat nooit gerealiseerd. Waarom zou het niet grijs worden? Het is gewoon haar, maar ondanks de groeiende openheid in de gesprekken met mijn vriendinnen ben ik nooit op een punt gekomen dat ik zei: 'Zeg, hoe is het eigenlijk met jouw schaamhaar? Is dat al grijs?' Veel mensen hebben niet eens meer schaamhaar, al zou ik vrouwen van een zekere leeftijd wel een leuk landingsbaantje aanraden. Alles kaal waxen was prima toen je wat jonger was maar zodra je ouder wordt, krijgt een geheel gestripte vulva toch een beetje de aanblik van een eenzame mossel. Of, zoals mijn gay vrienden zeggen: een kipfilet uit de koelvitrine. Even voor de duidelijkheid: schaamhaar is niet vies of onhygiënisch. Het hoort er te zitten: het beschermt je vagina tegen frictie en bacteriën. Naarmate je ouder wordt, worden de haartjes wel wat stugger. De Engelse columniste Caitlin Moran noemde haar veertigplus-schaamhaar in haar geestige boek *More Than a Woman* dan ook 'een oude kokosmat'. Daar heb ik zo om gelachen. Maar misschien kunnen we een iets elegantere naam bedenken. Grijzende mannen hebben voor zichzelf *silver fox* bedacht – daar is niet eens een vrouwelijk equivalent van. Wat dacht je van... de platina poes? De gepeperde poes? De gekruide kat? Zoals ik al eerder schreef: woorden hebben waarde. Dus laten we vooral ons eigen idioom bedenken.

Ben je eenmaal postmenopauzaal, dan gaat je testosteron-niveau een beetje omhoog en zul je zien dat seks weer wat meer vanzelf gaat. Het is uiteraard wel zo gezellig als je een beetje moeite voor elkaar blijft doen. In het begin van een relatie ben je er meestal erg druk mee om ervoor te zorgen dat je bent gewaxt of geschoren, dat je een mooi lingeriesetje draagt en jezelf hebt ingesmeerd met een lekker geurende bodylotion. Dat niveau van toewijding is vaak moeilijk vol te houden in het gezinsleven van alledag maar juist nu de kinderen het huis uit zijn, is er wat meer tijd en ruimte om je avonden anders vorm te geven dan in een joggingbroek op de bank hangen. Dit geldt zeer zeker ook voor je ouder wordende man: valt hij in slaap voor de tv en zit hij scheten te laten tijdens *Vandaag Inside*? Daar gaat niemands vlag van omhoog. Tijd voor actie. Dat hoeft niet meteen zo ver te gaan als bij Heleen van Royen thuis, die in haar beroemde *Sexdagboek* beschreef hoe zij en haar vriend Bart een prostituee hadden ingehuurd voor een trio in een hotel. 'Wat moet ik meenemen?' had Bart gevraagd. 'Alles wat aan de stekkers hangt,' antwoordde Heleen. Lachend zag ik het voor me: een skyline aan gekleurde vibrators op laadstations. Heerlijk, die openhartigheid. Heleen was de eerste (bekende) vrouw die hardop zei welke sekstoys zij gebruikte, met ronkende aanbevelingen voor de Womanizer en de Satisfyer.

In een hoofdstuk dat begon met de clitoris, mogen deze twee zogenaamde 'luchtdrukvibrators' zeker niet ontbreken. Ik schreef net al dat je vagina tijdens de overgang een beetje kan gaan schrijnen van penis-in-vagina-seks. Mocht je daar niet altijd zin in hebben, dan kunnen deze clitoris-stimulerende apparaatjes voor het nodige vuurwerk zorgen. De kracht van ouder worden is in dit geval letterlijk het heft in eigen handen nemen. Vibrators hebben altijd de vorm van een penis gehad. De eerste die ik ooit zag, was de 'massagestaaf' die het arme model in de Wehkampgids van vroeger tegen haar wang moest houden. Makers van seksspeeltjes gingen er lang van uit dat vrouwen die wilden masturberen dat graag met iets in de vorm van een penis wilden doen: die was immers de sleutel tot het slot. Met de 'ontdekking' dat ieder vrouwelijk orgasme een clitoraal orgasme is, kwamen er *rabbits* op de vibrators: zoemende clitoris-stimulatoren. Ook kregen ze wat zachtere vormen: de dikke pikken met de uitpuilende aderen werden paarse barbapapa's. Maar met de uitvinding van de luchtdrukvibrator deed pas echt een heel nieuw seksspeeltje zijn intrede: een fraai apparaatje dat helemaal niets met een penis te maken heeft. Het lijkt een beetje op een ergonomische computermuis met aan de bovenkant een simpel tuutje dat je over de clitoris plaatst. Door middel van luchtgolven en luchtdruk wordt de clitoris dusdanig gestimuleerd dat veel vrouwen binnen no time een hevig orgasme krijgen.

Wie had dat ooit gedacht? Nou, vrouwen zelf. Zij proberen immers al zo lang aan mannen uit te leggen dat je niet alleen in het slot maar vooral ook bij de deurbel moet wezen. Het is mooi te zien hoezeer luchtdrukvibrators als de Womanizer en de Satisfyer inmiddels zijn ingeburgerd: vrouwen kopen ze voor hun vriendinnen, moeders leggen ze voor hun dochter onder de kerstboom. Ze liggen met de feestdagen bij het Kruidvat (met de reclametekst: 'Sinterklaas is niet de enige die komt dit jaar'), de Hema bedacht een tompouce-variant en er zijn zelfs kerstballen van gemaakt. Kortom: het vrouwelijk orgasme is los. Het is echter wel een tikje bijzonder dat met het succes van deze vibrators ook allerlei twijfels kwamen opzetten: zouden mannen hiervan niet ontmoedigd raken? Zouden ze niet gaan zeggen: 'Joh, zet die tompouce er maar op, ik stop met beffen?' En zou echte seks niet ondergesneeuwd raken nu vrouwen zo makkelijk in hun eentje tot een hoogtepunt konden komen? Op zich interessante vragen. Maar hoe zat het toen veel vrouwen moeilijk tot een orgasme konden komen? Waren mannen toen net zo bezorgd over de zogeheten orgasmekloof, en was men toen ook bang dat vrouwen ontmoedigd zouden raken? En wat te denken van alle landen waar de verkoop van de Womanizer verboden is? Blijkbaar kleeft er nog steeds iets ongemakkelijks aan vrouwen die zichzelf willen plezieren.

Maar met het ouder worden gebeurt precies dat: vrouwen zetten steeds meer hun eigen plezier voorop. En dan bedoel ik niet alleen seksueel genot maar vooral ook mentaal. Veel boeken over de menopauze zoomen in op alle klachten die je ervan kunt krijgen – die lijst ís ook fucking lang. Ik heb er zelf ook een aantal genoemd, en dan heb ik het nog niet eens over alle rare kwaaltjes gehad. Zo had ik bijvoorbeeld een hele zomer het gevoel dat ik werd geprikt door een mug of gebeten door een mier. Ik kreeg echter nergens bultjes. Deze 'priksensatie' bleek het zoveelste overgangsverschijnsel te zijn – weer zo een waarvan niemand precies weet hoe en waarom. Maar los van alle grote en kleine fysieke ongemakken heeft de menopauze nog een andere, spirituele kant. In het Japans noemen ze de overgang *kōnenki*: verandering van leven. Veel duidelijker kun je het niet zeggen, al vind ik de Duitse benaming *Wechseljahre* (wisseljaren) ook heel beeldend. Je verandert van leven. Je wisselt van rol. Ik noemde de postmenopauzale vrouw eerder een force of nature: een natuurkracht. Wanneer je er middenin zit, lijkt de overgang een storm die je hele leven overhoop haalt. Maar aan het einde ervan zie je dat het een storm is geweest die je pad heeft vrijgemaakt. In de jaren na je vijftigste komt er zoveel energie vrij. Je voelt dat je niet meer geleefd wilt worden door je omgeving, maar veel meer wilt gaan varen op je eigen kracht en intuïtie.

Voor je naasten kan dit even wennen zijn. De Amerikaanse journaliste Sandra Tsing Loh schreef hierover een artikel in *The Atlantic*: 'The bitch is back'. Daarin zei ze dat vrouwen na hun menopauze weer de persoon worden die ze vroeger waren. Ze worden niet meer 'gehinderd' door oestrogeen en progesteron; de hormonen die hen aanspoorden om te zorgen en te redderen en aaien over bolletjes te geven. Ze worden weer wat assertiever en meer zichzelf, oftewel: the bitch is back. Veel vrouwen van boven de vijftig, schreef Tsing Loh, beginnen hun zinnen met: 'Nu ik vijftig ben… doe ik dit niet meer, wil ik dat niet meer. Nu ik vijftig ben… krijgen ze mij niet meer zo gek dat ik dít ga doen, ik ga eindelijk eens dát doen.' Het artikel is met een kleine knipoog geschreven, maar er zit zeker een kern van waarheid in. De drastische vermindering van oestrogeen en progesteron heeft bij veel vrouwen invloed op hun gemoed. Als ik naar mijzelf en mijn vriendinnen kijk, kwam dat tot uiting in het gevoel dat we overal helemaal klaar mee waren, en dan vooral met het eeuwige zorgen. Er zijn echter ook genoeg vrouwen die het feit dat ze niet meer vruchtbaar zijn als een groot verlies ervaren. Zo kon een collega van mij emotioneel worden bij de aanblik van een doosje tampons. Maike Meijer schreef in *Wen er maar aan* over de 'ongesteldheidsheimwee' bij het uitrollen van het bekende blauwe touwtje: 'Dat "ik kan nog een kind krijgen"-blauw. Dat "chagrijnig want ik ben ongesteld"-blauw.'

De kracht van ouder worden is dat je alle labels die je in je leven hebt gekregen (of die je jezelf hebt gegeven) onder de loep gaat nemen: passen ze nog bij jou?

Ik begrijp het sentiment heel goed, maar zelf heb ik er niet zo'n moeite mee gehad om mijn vruchtbaarheid achter me te laten. Sommige vrouwen hebben echter het gevoel dat ze niet alleen afscheid nemen van hun menstruatie maar ook van hun vrouw-zijn. Het zou me niet verbazen als dit gevoel mede wordt ingegeven door de samenleving, die vrouwelijkheid en vruchtbaarheid welhaast tot synoniemen heeft gemaakt. Wat dat betreft lijkt er niet veel veranderd sinds 1966, toen de al eerder aangehaalde Robert Wilson schreef dat de menopauze de 'de-seksualisatie van de vrouw' was en haar neergang snel zou worden ingezet. *Fuck you* met je neergang. Er mankeert helemaal niks aan mijn seksualiteit. Mijn eicellen zijn niet de enige kleuren in mijn palet; er is zoveel meer dat mij definieert als vrouw en als mens. En daarbij: waarom zouden mijn vruchtbare jaren de maatstaf van mijn vrouwelijkheid moeten zijn? Ik werd voor het eerst ongesteld op mijn dertiende, en voor het laatst op mijn drieënveertigste. Als ik net als mijn oma achtentachtig word, ben ik veel langer niet vruchtbaar geweest dan wel. Dus wat is dan mijn natuurlijke status? Mijn vruchtbare jaren of de veel langere periode van niet-vruchtbare jaren? Moeder-zijn is niet hetzelfde als vrouw-zijn; het is een onderdeel van je leven. Een mooi, rijk en bijzonder onderdeel (als het je gegeven is) maar zeker niet het enige onderdeel.

Er zijn nog zoveel andere manieren om vruchtbaar

te zijn: door jonge mensen in jouw branche of expertise te coachen of op weg te helpen, door je in te zetten voor de natuur en je medemens, of door in jouw buurt een gezamenlijk project op te zetten. Laten we de menopauze vooral niet presenteren als iets waarbij je als vrouw alleen maar van alles kwijtraakt. Er komen namelijk ook heel veel nieuwe verworvenheden naar je toe. Toen ik in mijn podcast tegen Dorenda van Dijken zei: 'Na de overgang worden we wijze vrouwen!' keek ze me even aan en zei: 'Hoezo wijs wórden? We zijn altijd al wijs geweest.' Dat vind ik een prima constatering, maar feit is dat er rondom de menopauze wel degelijk iets verandert.

In mijn eerste boek, *De geboorte van een moeder*, schreef ik dat je met de geboorte van een baby zelf ook opnieuw wordt geboren: er staat een heel andere versie van jou op uit het kraambed. Zodra je kinderen uitvliegen en je de vijftig bent gepasseerd, gebeurt dat eigenlijk opnieuw: je leven wordt weer van jou. Het is de wedergeboorte van je ware zelf: wat wil jij nog doen? Hoe wil je het, waar wil je het en met wie? Ik droomde steeds vaker dat mijn huis ruimtes bleek te hebben die ik nooit eerder had gezien: dan weer een extra verdieping, dan weer extra kamers. Later las ik dat meer vrouwen in de overgang deze droom hebben. Ik denk dat je onderbewuste aangeeft dat er nog een heleboel rek in je leven zit, dat er meer ruimte is gekomen, dat er nog

‘Ik begrijp gewoon niet dat ik vijfenzestig ben. Net zoals zoveel oudere mensen ben ik veertig in mijn hoofd. Alleen mijn lijf zegt iets anders.’

SIMONE KLEINSMA,
musicalster

veel ervaringen op je liggen te wachten die gezocht en gevonden willen worden.

Veel postmenopauzale vrouwen worden een flapuit. Ik ook. We kunnen niet meer zo goed veinzen; het lijkt wel of je je filter verliest. Als je iets niet wilt, zeg je het gewoon. Eindelijk begrijp je dat 'nee' een volledig antwoord is. Je durft het ook steeds vaker te zeggen. Nee, geen zin in. Waarom niet? Daarom niet. Vroeger begon ik mijn zinnen vaak met: 'Zou ik misschien eventueel als het niet te veel moeite is...' Nu zeg ik: 'Ik wil.' Uiteraard nog steeds met alsjeblieft, dankjewel en een glimlach, maar dat hele dansje om vooral niet als veeleisend te worden gezien? Dat gaan we niet meer doen. Het voelt alsof er een ander deel van je hersenen in werking is getreden, een deel dat lange tijd luchtdicht zat verpakt onder een deksel van vrouwelijke hormonen. En die hormonen, dat waren aardige meiden, maar ze waren ook erg van het harmoniemodel. Maar nu heb je geen geduld meer voor schone schijn. Veel meisjes worden vanaf hun jeugd gevormd door hun omgeving: de verwachtingen die je ouders van je hadden, je vrienden, je omgeving, je gezin. De kracht van ouder worden is dat je alle labels die je in je leven hebt gekregen (of die je jezelf hebt gegeven) onder de loep gaat nemen: passen ze nog bij jou? Ben jij inderdaad iemand die nooit alleen op vakantie zou durven? Verwachten mensen echt dat jij alles regelt of zou je ook eens kunnen stoppen met pleasen? Is het waar dat je niet genoeg ritme hebt voor salsa-les of dat je niet sportief genoeg bent voor een wandelvakantie door Nepal? Ga het gewoon proberen!

Dit is de leeftijd waarop je van alles voelt borrelen: zit je nog wel in de juiste baan, het juiste huwelijk, de juiste omgeving? In hun spirituele boek over de menopauze, *Wise Power*, schrijven Alexandra Pope en Sjanie Hugo Wurlitzer dat de overgang nogal wat *burn the house down*-gevoelens met zich meebrengt. Het is dan ook geen wonder dat veel mensen in deze periode gaan scheiden – wat niet per definitie nodig hoeft te zijn. Zeker, er kunnen een heleboel emoties naar de oppervlakte komen: dingen die je in de schaduw had geparkeerd. Daar hebben ze jarenlang gesluimerd in het donker, maar nu willen ze naar het licht. Gevoelens die je hebt ingeslikt voor de lieve vrede. Dromen die je hebt weggestopt omdat ze op dat moment niet realistisch waren. Deze issues kun je aanpakken, doorvoelen en verwerken zonder je (familie)relaties op te blazen, je huis te verkopen of je baan op te zeggen – tenzij je dat wilt, natuurlijk. Neem vooral de tijd om je gevoelens in kaart te brengen. En wees lief voor jezelf. Veel postmenopauzale vrouwen gaan namelijk ook ongefilterd naar zichzelf kijken: waarom heb ik dat toen in godsnaam gezegd, gedaan, besloten...? Ook kan er allerlei oude pijn naar boven komen, zelfs uit je kindertijd, pijn die je eindelijk durft te onderkennen.

Zelf heb ik gemerkt dat ik in het reine moest komen met de relatie met mijn vader. Er waren tussen ons nog zoveel dingen niet gezegd, niet gevraagd, niet uitgesproken. Omdat hij vasculaire dementie kreeg en overleed, zou ik die antwoorden ook nooit meer krijgen. Daar kon ik allemaal best mee dealen, tenminste, dat dacht ik, totdat het onverwerkte verdriet omhoogschoot als onkruid tussen de tegels. Een vriend van mij was halverwege de vijftig toen hij besloot alsnog zijn geboortemoeder te gaan zoeken die hem als dreumes ter adoptie had afge-

De kracht van ouder worden is dat je beseft dat je nu de tools hebt, de middelen en de levenservaring om het gekwetste kind dat ergens diep in jou zit, ook daadwerkelijk te helen.

staan. Daar had hij nooit behoefte aan gehad maar opeens voelde hij heel sterk dat hij terug moest voordat hij verder kon. Ook bij mensen die vroeger zijn gepest op school, die verlatingsangst of minderwaardigheidsgevoelens hebben opgelopen in hun jeugd, komt het allemaal weer naar boven met de veranderingen die je midlife teweegbrengen. Het wil niet meer verstopt worden, het wil geheeld worden. De kracht van ouder worden is dat je beseft dat je nu de tools hebt, de middelen en de levenservaring om het gekwetste kind dat ergens diep in jou zit, ook daadwerkelijk te helen. Het vergeven van anderen én van jezelf kan een krachtig hulpmiddel zijn om verder te gaan. De band met mijn vader kon ik niet meer heel maken, maar ik besefte dat ik wel andere dingen kon maken. Heb je weleens ervaren hoe rustgevend en therapeutisch het is om iets met je handen te doen? Ik ging aan de slag met papier en verf, met naald en draad (een vriendin had me getipt om te gaan pornoborduren) maar ook met lego en legpuzzels.

Ik had totaal geen behoefte meer om te consumeren, ik wilde alleen nog maar creëren. Ik ging vroeger graag shoppen maar dat zegt me nog maar weinig. Ik ga nu veel liever met mijn vriendinnen iets creatiefs doen, zoals een workshop verf gooien of samen een Japanse theepot kleien. Binnenkort gaan we tuften, een handwerktechniek waar ik nog nooit van had gehoord. Ja, jongens, wat een spannend leven! En ik vind het geweldig. Waar ik vroeger fomo had, de *fear of missing out* ofwel de angst om iets te missen, daar heb ik nu jomo: de *joy of missing out*. Want zeg nu zelf: is het stiekem niet heerlijk als iemand een keertje afbelt? Als het nu nog niet duidelijk is dat ik van middelbare leeftijd ben, dan volgt dat wel na deze ontboezeming: klei heeft een onweerstaanbare aantrekkingskracht op me gekregen. En ik ben niet de enige, want de cursus pottenbakken bij mij in de buurt zit altijd zo vol (met allemaal andere vijftig- en zestigplus-vrouwen die vroeger ongetwijfeld ook de film *Ghost* hebben gekeken) dat ik er niet tussen kom. Een vriendin van mij heeft het dan ook anders aangepakt. Zij heeft gewoon YouTube-tutorials gekeken, klei gekocht en een oventje erbij, en maakt nu prachtige keramiek dat ze aan winkels verkoopt. 'Ik vroeg me af of ik het zou kunnen,' zei ze, 'daarom heb ik het maar gedaan.'

Dit is het perfecte moment voor een beweging naar binnen, om te gaan luisteren naar je eigen wijsheid – wat door anderen nog weleens verkeerd wordt geïnterpreteerd als eigenwijsheid. Maar het is niets anders dan leven naar je eigen maatstaven, en met name vrouwen doen dat ook. De hoeveelheid cursussen, coachingtrajecten, familie-opstellingen, workshops en medicijnweekenden die vrouwen van mijn leeftijd bij elkaar sprokkelen is behoorlijk indrukwekkend. We hebben zin om te leren; om op te pakken en aan te pakken. Wat houdt je tegen?

DOE EVEN GEZOND

Ik zag laatst op Instagram een filmpje van een vrouw die zei: 'De dingen waar ik als kind mee gestraft werd – binnen blijven, groente eten en vroeg naar bed gaan – daar kan ik als vijftigplusser juist van genieten.' Er stonden natuurlijk wat zure reacties onder: 'Wanneer kinderen groente eten als een straf ervaren, hebben de ouders iets verkeerd gedaan!' maar ik vond het grappig. En herkenbaar bovendien. Ook ik vind het tegenwoordig helemaal niet erg om binnen te blijven. En hoewel ik een avondmens ben, vind ik het steeds fijner om vroeg naar bed te gaan. Dat van die groente deed me denken aan vroeger, toen ik als kind met mijn ouders op een Spaanse camping stond en zij een heel gesprek hadden over de tomaten: 'Moet je toch eens proeven hoe lekker.' 'Nou, zeg dat, wat een heerlijke tomaten.' Destijds dacht ik: wat moet het leven van volwassenen saai zijn dat ze blij worden van Spaanse tomaten. Hoe anders is dat nu. Zodra we in Spanje aankomen, ga ik eerst naar de groentemarkt. Niet omdat mijn leven zo saai is, maar omdat ik me enorm kan verheugen op alle geuren en kleuren. En die smaak! Ik maak graag gazpacho of een tomatensalade met grove stukjes zeezout, en dan zeggen Richard en ik iedere keer tegen elkaar: 'Moet je toch eens proeven hoe lekker.' Nu zijn het onze eigen kinderen die ons hoofdschuddend aankijken. Is ouder worden één grote herhaling van zetten, of lijkt dat maar zo?

Feit is: hoe ouder ik word, hoe meer ik geniet van eten en drinken. Van lékker eten en drinken. In mijn studententijd had ik een topavond wanneer ik de hele nacht in een club had staan dansen en 's ochtends om vijf uur nog een druipend broodje shoarma naar binnen tikte. Heerlijk! Maar daar kom ik tegenwoordig niet meer mee weg. Als ik nu een nacht op mijn benen sta, moet ik twee dagen bijkomen. Zo'n avond als de Televizier-Ring, op hoge hakken en in een galajurk, waarna je nog doorgaat naar de afterparty, dat betekent de volgende dag pijn aan mijn poten en kou op mijn blaas. En een broodje shoarma, met zo'n dikke klodder knoflooksaus? Ik moet al boeren als ik eraan denk. Die ijzeren maag, die heb ik dertig jaar later niet meer. Er is sowieso iets aan mijn gestel veranderd. Van pepermunt krijg ik maagzuur, van oude kaas krijg ik hoofdpijn, van varkensvlees word ik soms misselijk. Waarom? Geen idee. Op een dag was het gewoon zo. In het begin dacht ik nog: wat ben ik voor prinses op de erwt geworden? Maar inmiddels heb ik het maar geaccepteerd. Het hoort er blijkbaar bij, en misschien gaat het vanzelf weer over. Voorlopig eet ik die dingen niet meer – ook al zeggen mensen geregeld dat ze 'hoofdpijn van oude kaas' een raar verhaal vinden. Prima. Ik ben ook niet meer geïnteresseerd in *all you can eat*, veel-voor-weinig of snel en makkelijk; ik wil graag wat minder eten en dan vooral lekker. Gezond, vers, niet te ingewikkeld. Slowfood, omdat ik zelf ook een beetje slow ben geworden.

Toch moest ik wel even schakelen toen het tot me doordrong dat mijn vijftigplus-lichaam bepaalde gewoonten die ik had (zoals laat naar bed gaan, veel snoep eten en lang achter mijn computer zitten) niet meer zo goed kon verdragen. En datzelfde onwennige gevoel had ik toen ik begon te merken dat de gewrichten in mijn voeten na het wakker worden eerst moeten 'warmdraaien'. Het gevoel van: verrek, het is begonnen. Je kunt je in je hoofd nog zo jong voelen maar wanneer je halverwege de vijftig bent, komen de eerste krasjes in je lak. Als ik 's nachts op een verkeerd kussen heb gelegen (te dik, te dun), kan ik een stijve nek krijgen. Ik slaap nu dan ook op een speciaal kussen. Geweldig ding, nooit meer ergens last van. Ik neem 'm zelfs mee op vakantie. Had ik ooit verwacht dat ik zo'n muts zou worden die haar eigen kussen meeneemt naar een hotel? Nee, zeker niet. Maar het is zover. Aan mijn moederskant in de familie zit artrose, maar toen ik zelf pijn aan mijn gewrichten begon te krijgen, was ik toch enigszins verrast. Gek eigenlijk, dat ik jarenlang de vergroeide vingers van mijn moeder had gezien en de dikke knokkels van mijn ooms en tantes, maar dat ik alsnog verbaasd was toen dezelfde ellende ook bij mij begon. Ook al voel je je nog zo fit en gezond: *your body keeps the score*. Je lichaam is een optelsom van gedrag, erfelijkheid, domme pech en omgevingsfactoren. En de vraag is: wat staat er onder aan de streep?

Ik ben jarenlang ambassadeur van het Emma Kinderziekenhuis geweest, en in die hoedanigheid zei ik vaak: 'Wanneer je kind gezond is, heb je wel duizend wensen. Maar als je kind ziek is, nog maar één.' Dit is een waarheid als een koe en die geldt eigenlijk net zo goed voor volwassenen. En het geldt al helemaal zodra je wat ouder begint te worden. Opeens moet je rekening gaan houden met een vraag die je lang voor je uit hebt kunnen schuiven: is de manier waarop ik leef wel gezond? Misschien heb je nog helemaal geen zin om hier serieus over na te denken, maar wees gerust: de overheid helpt je wel herinneren. Weet je nog die scène in de allereerste Harry Potter-film, waarin Harry op zijn elfde wordt bedolven onder de brieven die hem oproepen zich te komen melden op Zweinstein? Zo voelde ik me op mijn vijfenvijftigste, toen ik ineens werd bedolven onder de brieven met oproepen voor bevolkingsonderzoeken. De sorteerhoed van de overheid had gezien dat ik in een nieuwe leeftijdscategorie was beland, en dus kreeg ik een uitnodiging voor een baarmoederhalskankeronderzoek, een bezoek aan de borstenbus én voor het bevolkingsonderzoek darmkanker. 'Poliepen en darmkanker komen vaker voor bij mensen die ouder zijn dan vijfenvijftig jaar,' stond in de begeleidende brief. 'Daarom kunt u elke twee jaar meedoen aan het bevolkingsonderzoek.' Hoera. Dat wordt in mijn poep prikken.

Begrijp me niet verkeerd: ik vind het uitstekend dat deze onderzoeken er zijn, en ik zou iedereen aanraden gehoor te geven aan die oproepen. Maar word ik er vrolijk van? Nee. Die brieven roepen drie gedachten bij me op: je wordt ouder, je wordt kwetsbaarder en het leven is een loterij. Want met de uitnodigingen kwamen ook de enge verhalen, die in mijn vriendengroep zachtjes aan elkaar werden doorverteld. Over een buurvrouw en haar bezoek aan de borstenbus, waar meteen duidelijk werd dat het goed mis was. Of over een collega die nietsvermoedend zijn eerste buisje met ontlasting had opgestuurd en niet meer te genezen bleek. Die verhalen zitten altijd in mijn achterhoofd als ik bijvoorbeeld een foto van mijn borsten moet laten maken. Dat ze mijn borsten met dat apparaat zo plat drukken als een pannenkoek – daar zit ik niet mee. Het is een beetje oncomfortabel, maar het duurt niet lang. Het wachten op de uitslag – daar zit ik wel mee. Onwillekeurig begint het toch een beetje door je hoofd te spoken: mijn hele leven kan veranderen door deze ene foto. Het is inmiddels te veel van mijn vriendinnen en collega's overkomen om er nog luchtig over te denken. Helaas heeft niemand van ons invloed op domme pech of erfelijkheid, maar we hebben wel invloed op ons gedrag. Wil je een gezondere levensstijl aannemen? Dan is dit het moment. Want het 'later' waar we het vroeger altijd over hadden, is nu.

Ik heb gelezen dat je dertigste levensjaar het ideale moment zou zijn om te beginnen met het opbouwen van een mentaal en fysiek 'reservekapitaal' voor als je vijftig-, zestig- of zeventigplus bent. Maar toen ik dertig was, heb ik dat memo niet gehad. Ik was net bevallen en iedereen die kleine kinderen heeft gehad, weet dat er weinig energetisch 'reservekapitaal' voor jou als moeder overblijft. Ook in de puberteit van je kinderen bouw je niet echt reserves op omdat je ieder weekend pas aan slapen toekomt wanneer je de voordeur hoort en weet dat ze weer veilig thuis zijn. Maar het goede nieuws is: die kinderen gaan uiteindelijk het huis uit, en het

‘Mijn huid wordt niet losser, het is meer *relaxed fit*.’

MAIKE MEIJER,

schrijver, in haar boek *Wen er maar aan*

is nooit te laat om te beginnen. Maar waar? Bij de drie elementen die de meeste invloed hebben op je lichamelijke gezondheid: voeding, beweging en slaap. Eigenlijk weten we allemaal wel wat goede voeding is. We hebben er alleen niet altijd zin in. Ik in elk geval niet. Altijd maar gezond eten is ook niet makkelijk; wanneer je één stap buiten de deur zet, wordt het je zelfs actief moeilijk gemaakt. In de publieke ruimte worden we overvoerd met ongezond eten. Snoep, snacks en gemaksvoedsel zijn overal, boordevol suikers, lege calorieën en slechte vetten. Lukt het jou om op het station geen ham-kaascroissantje te kopen, terwijl ze de geur heel uitgekiend over het perron in je gezicht blazen? Kun jij tanken zonder iets lekkers mee te nemen, of in de bioscoop naar een film kijken zonder popcorn, drinken en M&M's? Ik vind het lastig.

Het zal niemand verbazen dat inmiddels 51 procent van alle Nederlanders overgewicht heeft; in 1981 was dat nog maar 32 procent. Het percentage mensen met ernstig overgewicht (obesitas) is gestegen van 4 procent naar 14 procent. En we zijn niet de enigen: er zijn op dit moment meer mensen op de wereld met obesitas dan met ondergewicht – een unicum in de geschiedenis. Toch denk ik dat het belangrijk is dat we ons realiseren dat we hier niet zozeer te maken hebben met dikke mensen als wel met dik gemaakte mensen. In onze huidige leefomgeving van zittend werk, dagelijks in de file staan en uren tv-kijken is het lastig om op een gezond gewicht te blijven. Overgewicht kun je bovendien niet alleen van verkeerde voeding en te weinig beweging krijgen, maar ook van bepaalde ziekten, medicijnen, te weinig slapen en stress, en je genen spelen ook een rol. Wanneer je wilt afvallen, zul je al deze factoren tegen het licht moeten houden om te zien waar jouw overgewicht vandaan komt, en welke veranderingen je in je eet- en leefpatroon zou kunnen doorvoeren. Zo'n *lifestyle change* is niet makkelijk, maar één ding is zeker: je moet het nu doen. Want hoe ouder je wordt (of misschien moet ik zeggen: hoe ouder je wilt worden) hoe belangrijker het is wat je eet en drinkt. Ik begrijp overigens heel goed dat dit een gevoelig onderwerp is. Wanneer je gezondheidsproblemen hebt of bepaalde medicijnen moet slikken, valt er namelijk niks te kiezen.

Ook zijn er heel wat mensen die het onhaalbare schoonheidsideaal zat zijn en zich veel meer thuis voelen bij de boodschap van bodypositivity: houden van je lichaam zoals het is en trots zijn op je rondingen. Dit is op zich natuurlijk een welkome ontwikkeling. Tegelijkertijd ziet de overheid de hoeveelheid Nederlanders met ernstig overgewicht (onder wie steeds meer kinderen) alleen maar toenemen. Gezondheidsprofessionals zitten niet zelden in een spagaat omdat het not done is geworden mensen aan te spreken op hun gewicht. Dat kan worden gezien als fatshaming, betutteling en het 'afpakken van pleziertjes'. Zelfs toen tijdens de coronacrisis bleek dat er veel vijftigplus-mannen met overgewicht op de ic lagen en zij een grotere kans hadden om aan het virus te overlijden, vonden heel wat mensen deze specifieke informatie onnodig stigmatiserend. In Japan moeten alle burgers vanaf hun veertigste naar de huisarts, waar ze worden opgemeten en gewogen. Wanneer ze een beetje te zwaar zijn, worden ze meteen op een dieet gezet omdat dit beter is voor hun gezondheid. Kun je je zo'n maatregel in Nederland voorstellen? Het zou volstrekt kansloos zijn. Dat begrijp ik ook wel, want je reikt diep in de persoonlijke levenssfeer. Bovendien is er sprake van botsende boodschappen. Terwijl het voor je geestelijke welbevinden fijn is om te weten dat je net zo goed mooi en gelukkig kunt zijn met een maatje meer, staat de overheid ondertussen tegen je te preken dat je lichamelijke gezondheid het beter zou doen met een maatje minder.

Toch is dat laatste helaas waar. Obesitas is bijzonder slecht voor je gewrichten en je hart- en bloedvaten. Je hebt ook meer kans op artritis, diabetes, borstkanker, depressie, hoge bloeddruk of een hersenbloeding. Dit alles betekent overigens niet dat wanneer je overgewicht hebt, je 'dus' niet fit bent. Het betekent ook niet dat wanneer je slank bent, je automatisch gezond bent. De kracht van ouder worden is je realiseren dat iedere vijftigplusser zijn of haar lichamelijke gezondheid moet gaan monitoren. De bekende cardiologe Janneke Wittekoek zegt dan ook: 'Ken je getallen.' Laat minstens één keer per jaar je BMI, bloeddruk, cholesterol en bloedsuikergehalte meten. Mochten ze niet in orde zijn, dan ben je nu nog ruim op tijd om er iets aan te doen. Hoewel het soms lijkt alsof mensen er niets aan willen doen. Neem het Nationaal Preventieakkoord. In 2018 sloot de overheid met zeventig maatschappelijke organisaties een akkoord met als doel in

De kracht van ouder worden is je realiseren dat iedere vijftigplusser zijn of haar lichamelijke gezondheid moet gaan monitoren.

2040 te kunnen bogen op minder Nederlanders met overgewicht, minder rokers en minder problematisch alcoholgebruik. Begin 2024 kwam het RIVM echter met een doorrekening die stelde dat als de huidige tendens wordt voortgezet, geen van de doelstellingen gehaald gaat worden. En dus worden er aan de lopende band suggesties gedaan: ongezonde producten veel duurder maken en gezonde producten goedkoper; gezondheidsrichtlijnen verankeren in de wet; fabrikanten onder druk zetten; een suikertaks heffen; sigaretten en drank moeilijker verkrijgbaar maken. Allemaal prima ideeën.

Maar nergens staat wat wij als consumenten zelf kunnen doen. Wat er van ons verwacht mag worden als ouders, opvoeders en burgers. Het is al moeilijk om in deze tijd een gezonde(re) levensstijl aan te nemen, maar we voelen er ook weerstand tegen. Ja, ik snoep te veel en ik beweeg te weinig – *so what*? Pas toen ik er echt last van begon te krijgen, met een opgeblazen buik en pijn aan mijn heupen, kwam de bereidheid er iets aan te doen. Een beetje bereidheid – laat ik mijn wilskracht niet overdrijven. Ik rook niet, ik drink niet en ik doe geen recreatieve drugs, dus dat hoef ik alvast niet te laten om mijn lichaam te detoxen. Maar ik zal je eerlijk zeggen dat ik het afkicken van suiker helemaal niet makkelijk vond.

De gemiddelde Nederlander krijgt per dag maar liefst vijfendertig suikerklontjes binnen, terwijl dit er maximaal zeven zouden moeten zijn. Ik was er best verbaasd over hoe slecht te veel suiker voor je is: het maakt angsten en depressies erger, het heeft een negatieve invloed op je mentale scherpte en op je cholesterol, het versnelt de veroudering van je huid, het is slecht voor je hart- en bloedvaten, je komt ervan aan, het werkt ontstekingen in de hand en je hebt een groter risico op kanker. En toch... vind ik het nog steeds lekker. Koekjes, dropjes, snoepjes, Limburgse vlaai – omdat ik vaak uren achter mijn computer zit te schrijven, gooi ik ongemerkt heel wat naar binnen. Tijd voor verandering. Je hoeft helemaal niet te stoppen met eten, je moet anders gaan eten. Het doel is ook niet dat je superslank wordt maar dat je goed in je vel zit. En dat de getallen van Janneke Wittekoek goed zijn. Het is een fabeltje dat dikke mensen geen goede bloedwaarden kunnen hebben. Maar als je waarden niet goed zijn, moet je eerlijk tegen jezelf durven zijn. Datzelfde geldt wanneer je slank bent en je cholesterol te hoog blijkt te zijn: dan gaat er toch ergens iets niet goed.

Ook als je matig tot geen overgewicht hebt, is het een goed idee om je voedingspatroon onder de loep te nemen. Hoe ouder je wordt, hoe minder calorieën je namelijk nodig hebt – geen vrolijke constatering nu je 's avonds net zo lekker zit te genieten van een kaasplankje met een flesje wijn. De WHO deed in 2014 onderzoek naar het eetpatroon van 150.000 zestigplussers en kwam daarbij tot de (niet zo verrassende) conclusie dat goede voeding je leven kan verlengen. En willen we dat niet allemaal?

Naar wat 'goede voeding' precies is, zijn al talloze onderzoeken gedaan. Daar komt eigenlijk steeds hetzelfde uit: als het gaat om lichamelijke gezondheid, mentale scherpte, levensverwachting en een algeheel gevoel van welbevinden heeft het mediterrane dieet de beste kaarten. Daar moet ik meteen bij zeggen dat het mediterrane dieet eigenlijk geen dieet is maar een voedingspatroon en leefstijl. Je hebt het vast al vaker gehoord, maar ik zeg het nog maar een keer: diëten werken niet op de lange termijn. Zodra je ermee stopt, kom je net zo hard weer aan. (Dit geldt ook voor wondermiddelen als Ozempic!) Diëten zijn vaak strikt, met weinig eetmomenten en nog minder calorieën. Wat je mag eten, bestaat niet zelden uit eenzijdige maaltijden of poeders, pillen, shakes en repen. Het is geen wonder dat je hier flink wat kilo's mee kunt verliezen, maar deze onnatuurlijke manier van eten houdt niemand vol. Ik ben te oud geworden om mezelf nog op een rantsoen te willen zetten. Wat ik al eerder zei, meen ik: ik wil lekker eten. Ik wil genieten. En met het mediterrane dieet kan dat. Het is niet bijzonder strikt; je mag een heleboel dingen eten, zoals groente, fruit, noten, bonen, peulvruchten en vezelrijke granen. In plaats van ongezonde verzadigde vetten uit bewerkt voedsel zoals koek, cake en chips, eet je onverzadigde vetten uit producten als olijfolie, avocado en vette vis. Je mag ook af en toe kip en gevogelte, eieren, kaas en yoghurt. Wat je maar een heel enkele keer zou moeten eten, zijn bewerkte vleeswaren zoals ham, rookworst en salami, en rood vlees. (Terwijl ik dit schrijf, eet ik overigens een heerlijke bruine boterham met ossenworst – *shit happens*.)

Ook suiker en zout moet je uit je eetpatroon proberen te weren. Over suiker hebben we het al gehad, maar zout is minstens zo ongezond. Je zou minder dan 6 gram zout per dag moeten eten, maar de gemiddelde Nederlander zit op 8,2 gram. Het is dan ook een goed idee om je eten voornamelijk op smaak te brengen met kruiden en specerijen.

Met de rijke ingrediënten van de mediterrane keuken kun je iedere avond iets lekkers op tafel zetten, wat ook nog eens goed is voor je ouder wordende lichaam. Tot zover zien veel mensen dit nog zitten, maar nu volgt een minder populair onderdeel van het verhaal: de hoeveelheden die je mag eten. Een vriend van mij had op een veiling een antieke servieskast gekocht, maar eenmaal thuis was hij verbaasd dat zijn dinerborden er niet in pasten. Dat bleek te komen doordat wat wij nu ontbijtbordjes noemen, vroeger de dinerborden waren. De laatste decennia zijn we steeds grotere porties gaan eten terwijl de energiebehoefte van ons lichaam hetzelfde is gebleven, of misschien zelfs wel is afgenomen door onze minder actieve levensstijl. De gemiddelde man heeft 2500 calorieën per dag nodig, en de gemiddelde vrouw 2000. Wanneer je marathons loopt, fanatiek fitnest of iedere dag 25 kilometer naar je werk fietst, heb je uiteraard wat meer brandstof nodig maar dit zijn de gemiddelden. Weet je hoe weinig dat is? Ik zat laatst in een restaurant waar ze op de menukaart achter ieder gerecht het aantal calorieën hadden

‘Welkom bij de *lucky club*.
We leven nog, en we zijn er
blij mee!’

SHARON STONE,
actrice

genoteerd. Dat was tamelijk deprimerend. Je realiseert je nauwelijks hoeveel calorieën de simpelste dingen bevatten, en hoe snel je dus al op (of over) je dagelijkse maximum zit. Wanneer je bij Starbucks een Mocha Frappuccino neemt (500 calorieën) en een stukje carrot cake (560), ben je al over de helft!

Ik hoor je nu denken: hallo, Daphne, het leven moet ook een beetje leuk blijven. Ik weet het, ik worstel er zelf ook mee. Te veel suiker beïnvloedt de rode gistplekjes die ik soms op mijn lichaam krijg en het heeft een negatief effect op de ontstekingsreacties in mijn gewrichten. Drastisch minderen zou dus stap één moeten zijn; de meest voor de hand liggende actie. Toch heb ik er behoorlijk lang over gedaan, en nog steeds zit ik graag tot mijn ellebogen in de snoeppot. Accepteren dat wij westerse mensen consequent te veel eten en dat je op een leeftijd komt waarop dat echt niet meer kan – dat duurt even. Daarbij is het misschien goed om je bewust te zijn van het feit dat een 'portie' in de palm van je hand zou moeten passen. Met een portie aardappelen, een portie rijst, een portie vlees, bedoelen ze een hoeveelheid zo groot als de palm van je hand. Maar wees gerust: groenten, salades, peulvruchten: dat mag allemaal twee handen vol zijn. Nou, is dat niet fijn?

Aangezien ik toch al klink als de plezierpolitie, kan ik maar beter gelijk het volgende onderwerp aansnijden:

alcohol is kut. Dit is veruit het meest gehate onderdeel van ieder gesprek over een gezonder leven. Maar alcohol, zeker als je ouder wordt, is nu eenmaal kut. Er is helaas geen ander woord voor. Dat roken bijzonder slecht voor je is – daar is iedereen het over eens. Dat hoef ik hier niet verder uit te leggen. Maar zodra het over alcohol gaat, schieten veel mensen bij voorbaat in de verdediging.

In mijn podcast had ik Jacqueline van Lieshout te gast, auteur van het boek *Ontwijnen* en detox-coach voor mensen die willen stoppen met alcohol. Zij vertelde dat ze vroeger te veel dronk maar dat ze, nadat ze nuchter was geworden, bijna al haar vriendinnen was verloren. Toen was ze namelijk niet meer 'gezellig'. Stoppen met alcohol, of zelfs maar minderen, is verre van eenvoudig omdat alle haarvaten van de samenleving zijn doordrenkt met het sociale aspect van drank. Toen ik aan mijn vriendinnen vertelde hoeveel indruk het verhaal van Jacqueline op mij had gemaakt, zeiden de meesten: 'Gelukkig drink ik niet te veel.' Maar wat is eigenlijk te veel? Wanneer je als vrouw meer dan twee glazen per dag drinkt (of meer dan veertien per week) ben je een overmatige drinker. En wanneer je minstens één keer per week meer dan vier glazen drinkt, ben je een zware drinker. Sorry, maar wie haalt dat niet? Veel mensen reageren lichtelijk geïrriteerd op het predicaat 'zware drinker', maar voor je lichaam is het nu eenmaal zwaar. Hoe ouder je wordt, hoe moeilijker het is voor je organen om alcohol te verwerken. Je zenuwstelsel, je hart- en bloedvaten, je brein, je slaap – alles lijdt eronder. Alcohol verergert bovendien je overgangsklachten en het vergroot je kans op borstkanker. Het wonderlijke is dat met name hoogopgeleide vrouwen, naarmate ze ouder worden, juist meer gaan drinken. Jacqueline vermoedt dat dit komt doordat ze meer sociale gelegenheden hebben, er meer geld te besteden is en het chic wordt gevonden om te borrelen met 'mooie' wijnen.

Ze zijn echter bij lange na niet de enigen die geregeld te veel alcohol drinken. Veel vrouwen van onze leeftijd leiden een gehaast, stressvol en drukbezet leven. Wij zijn de 'sandwichgeneratie' met de zorg voor tieners enerzijds, mantelzorg anderzijds en een drukke baan (plus het merendeel van het huishouden) in het midden. Er zijn dan ook heel wat vrouwen die bij thuiskomst snakken naar een paar wijntjes om hun gevoelens te dempen en het driedubbele takenpakket aan te kunnen. Het verraderlijke is dat alcohol voelt als een welkome verdoving; als een ontspannend glaasje dat de scherpe kantjes eraf haalt. In werkelijkheid is alcohol juist stressvol voor je lichaam – al wil niet iedereen dat horen. Nadat ik de podcast had uitgezonden, waren er luisteraars die mij schreven dat het interview hun het laatste duwtje had gegeven om te stoppen of te minderen. Maar ik kreeg ook heel wat reacties in de trant van: 'Ik heb het uitgezet, want het was veel te belerend.' Wanneer je de kale feiten over alcohol vertelt, vinden mensen je al snel prekerig. Ook toen ik een keer een column had geschreven over dry january met daarin mijn constatering hoe moeilijk het is om dertig dagen niet te drinken, kreeg ik prompt een pissig mailtje dat ik niet zo met mijn belerende vingertje moest zwaaien: 'Ik bepaal zelf wel wat ik doe!' Dat laatste is natuurlijk helemaal waar. Ik ben geen dokter en geen diëtist – ik probeer alleen maar eerlijk te zijn over wat gezond voor je is en wat niet.

De kracht van ouder worden is dat je zo veel mogelijk informatie over je gezondheid verzamelt, om daarna zelf de afweging te maken wat je met die informatie doet. Ik ben ook niet van de zwartekousenkerk. Het leven moet vooral geleefd worden, en er moet altijd ruimte blijven om uit de band te springen. Eten en drinken is zoveel meer dan calorieën en glazen tellen. Sociale interacties zijn dé bouwstenen van gezond ouder worden, en daarmee net zo belangrijk als vitaminen en mineralen. Met een groep vrienden bij elkaar komen, samen bedenken wat je gaat maken, gezellig de tafel dekken, lekker koken en de hele avond kletsen en lachen zijn onmisbare onderdelen van een gelukkig leven. En mocht er dan iemand met een toetje aankomen (bij voorkeur pavlova, mijn persoonlijke favoriet), dan ga ik zeker niet beginnen over de suiker die daarin zit.

Fuck dat, het leven gaat om balans maar de meter mag af en toe best even doorslaan.

Je 'dieet' is trouwens niet alleen wat je eet: het zijn ook de mensen met wie je je tijd en energie deelt, de boeken die je leest, de tv-programma's die je kijkt en de podcasts die je luistert. Wat je tot je neemt en met wie, heeft invloed op je gezondheid en je gemoed. Wanneer je onrustig of gespannen wordt van het nieuws dat je telefoon je voorschotelt: breek uit het algoritme en volg andere, meer positieve accounts.

De kracht van ouder worden is dat je zo veel mogelijk informatie over je gezondheid verzamelt, om daarna zelf de afweging te maken wat je met die informatie doet.

Datzelfde geldt voor mensen die energie van je vreten, bij wie je op je tenen moet lopen of die onaardig tegen je zijn: veeg ze vriendelijk maar beslist uit je leven. Je krijgt er alleen maar stress van en wanneer je de vijftig bent gepasseerd, is stress aantoonbaar slecht voor je hart. Ik ben een tijdje geleden benaderd door de Hartstichting of ik een campagne met hen wilde doen met als doel vijftigplussers aan te sporen een simpele bloeddrukmeter te kopen, of hun bloeddruk wat vaker bij de huisarts te laten meten. Van de Hartstichting hoorde ik voor het eerst dat er in Nederland weliswaar veel aandacht is voor borstkanker (wat natuurlijk goed en nodig is) maar dat hart- en vaatziekten doodsoorzaak nummer één zijn, zowel bij mannen als bij vrouwen. Dat wist ik eerlijk gezegd niet. Er sterven in Nederland zelfs meer vrouwen aan hart- en vaatziekten (57 per dag) dan mannen (50 per dag). Dat wist ik al helemaal niet. Niet veel later heb ik de inmiddels gepensioneerde hoogleraar cardiologie Angela Maas geïnterviewd die haar hele carrière onvermoeibaar heeft gestreden voor een betere cardiologische zorg voor vrouwen. Ondanks al haar inspanningen worden vrouwen met hartklachten nog te vaak langs de mannelijke meetlat gelegd omdat het meeste cardiologische onderzoek op mannen is gedaan. Daardoor zijn ook de diagnose, de medicijnen en de behandelplannen vaak op de ervaringen met mannen gebaseerd.

Maar de veroudering van de hartspier en het patroon van aderverkalking blijkt bij vrouwen anders te verlopen. Niet alleen zijn de symptomen van hartklachten bij vrouwen anders, ook de behandeling moet vaak anders worden ingestoken. Toen Angela Maas twintig jaar geleden een speciaal vrouwenspreekuur inrichtte, werd ze vierkant uitgelachen door haar mannelijke collega's. Zelfs toen ze haar eigen leerstoel kreeg in Nijmegen, vond een mannelijke cardioloog het nodig om te zeggen dat ze beter 'in de Efteling kon gaan werken' omdat ze 'sprookjes verkocht'. De 'sprookjes' van de cardiofeministe (zoals Maas vaak wordt genoemd) bleken echter realiteit: het vrouwenhart is anders, de symptomen van hartklachten bij vrouwen zijn anders en gelukkig is iedereen daar nu van doordrongen. Maas schreef er een boek over, *Hart voor vrouwen*, dat interessant is om te lezen. In het interview dat ik met haar had, vertelde ze dat zij tijdens haar studie geneeskunde nog had meegekregen dat 'vrouwen zeuren en mannen klachten hebben'. Veruit het meeste onderzoek naar alle soorten ziekten en de bijbehorende medicijnen is van oudsher op mannen gedaan, en als de symptomen van vrouwen niet in het plaatje bleken te passen of de behandeling anders bij hen uitpakte, lag dat 'dus' aan die vrouwen. Volgens Maas was er in de gezondheidszorg lange tijd sprake van een 'bikini-benadering': er was speciale aandacht voor de borsten en de vrouwelijke voortplantingsorganen, maar voor de rest werden vrouwen medisch gezien en behandeld als 'kleine mannen'.

Waarom vertel ik dit allemaal? Omdat we op een leeftijd zijn gekomen dat we hiermee te maken kunnen krijgen, en misschien onze eigen symptomen niet herkennen. De Hartstichting heeft gelijk: de aanschaf van een bloeddrukmeter is een uitstekend idee omdat een hoge bloeddruk vaak een eerste indicatie is dat er iets niet goed zit. Risicofactoren voor hart- en vaatziekten zijn bekende zaken als leefstijl, roken en een hoog cholesterol, maar bij vrouwen ook migraine, hoge bloeddruk tijdens de zwangerschap, vroeg in de overgang gaan en stress. Stressgerelateerde factoren kunnen bij vrouwen leiden tot kramp in de haarvaten, wat weer kan leiden tot hartfalen. Drukte, lawaai, luchtvervuiling en een stressvol leven kunnen allemaal bijdragen aan een te hoog stressniveau. Angela Maas wil graag dat de overheid zaken als luchtvervuiling en omgevingslawaai serieuzer aanpakt omdat ieder mens recht heeft op een schone en stressvrije leefruimte. Maar Maas zegt ook dat vrouwen wat vaker nee moeten durven zeggen, en niet alles perfect moeten willen doen. Ik vond dit heel verfrissend om te horen. De kracht van ouder worden is weten wanneer je nee moet zeggen. Er zijn zoveel eisen die we aan onszelf stellen; taken die we op ons menen te moeten nemen. Moeten we echt altijd alles voor iedereen doen?

Cardioloog Janneke Wittekoek en gynaecoloog Dorenda van Dijken geven in hun boek *Hart & hormonen* een handige tip met de zin: 'Moet ik dit doen?'. Deze kun je namelijk met verschillende klemtonen aan jezelf voorleggen: '*Moet* ik dit doen?', 'Moet *ik* dit doen?', 'Moet ik *dit* doen?' en 'Moet ik dit *doen*?'. De antwoorden kunnen heel verhelderend zijn. Grenzen stellen brengt rust in je leven. Het is helemaal niet raar om in deze leeftijdsfase je eigen lichamelijke en geestelijke gezondheid op één te zetten. Het is zelfs broodnodig. Je moet nog minstens tot je zevenenzestige werken en er komen misschien wel kleinkinderen waar je een of meerdere dagen op wilt gaan passen. Maar de tomeloze energie die je vroeger had, al die fut waar je niets voor hoefde te doen, die is wat minder geworden. Natuurlijk ben je nog steeds actief en gedreven en je hoofd wil nog van alles, maar voor een fit lichaam en een stressbestendige geest is er vanaf nu iets meer nodig. Wat dacht je bijvoorbeeld van meditatie? Dat is een krachtig middel voor meer rust en balans. Ik weet nog precies wanneer ik dat voor het eerst in werking zag. Ik

De kracht van ouder worden is weten wanneer je nee moet zeggen.

was op een buitenlands vliegveld en mijn terugvlucht had vertraging. Het was warm, het duurde lang, ik was moe. Ik kan er niet zo goed tegen als ik niet weet waar ik aan toe ben. Zeg me dat het nog twee uur gaat duren – geen probleem. Maar niks weten en doelloos in die stoelen hangen is niet mijn sterkste punt. Zeker niet omdat ik ook nog in de overgang was en ik het gevoel had dat iemand het lontje aan mijn laatste tampon had aangestoken.

De man tegenover mij had echter nergens last van. Hij klikte op een meditatie-app, deed zijn oortjes in, ging rechtop in zijn stoel zitten met zijn handen ontspannen op zijn bovenbenen, deed te midden van alle drukte zijn ogen dicht en checkte een half uur uit. Ik keek ernaar, vergeleek het met mijn eigen rood aangelopen ergernishoofd, en dacht: zo relaxed wil ik ook worden. Toen ik weer thuis was, heb ik via het blad *Happinez* een online meditatiecursus gevolgd en Calm op mijn telefoon geïnstalleerd: een app met allerlei rustgevende hulpmiddelen, van begeleide meditaties tot kabbelende natuurgeluiden en ingesproken verhalen. Omdat ik het best moeilijk vind om iedere dag op een kussentje te gaan zitten en mijn gedachten helemaal zelf uit te schakelen, ben ik begeleide meditaties gaan volgen. Die vind ik heerlijk. Vooral de bodyscans, waarbij je ieder lichaamsdeel afgaat en tot rust brengt, vind ik bijzonder ontspannend; daarna voel ik me helemaal opgeladen.

Oefenen met mindfulness is een van fijnste (en goedkoopste) dingen die je voor je lichaam en geest kunt doen. Mindfulness is leven in het nu, door je aandacht te richten op wat je op dit moment ervaart. Soms razen je gedachten maar door. Dan kun je jezelf terugbrengen naar het nu door te vragen: wat heeft mij vandaag gelukkig gemaakt? Waar word ik blij van? Wat gaat er goed? Wanneer je moeilijke tijden blijft herkauwen, zit je met je hoofd in het verleden. Wanneer je piekert over dingen die zouden kunnen gebeuren, ben je bo-

‘Net stinne mar rinne’:
niet zeuren maar lopen.

Fries gezegde

ven alles bezig met de toekomst. Mindfulness haalt je focus weg bij wat is geweest en wat misschien nog gaat komen, en concentreert zich op vandaag. De afgelopen jaren heb ik gemerkt dat veel dingen waar ik me zorgen over maakte, nooit zijn gebeurd. En áls er dan iets ergs gebeurde – want helaas ontkomt niemand aan tegenslagen en verdriet – had ik meer dan genoeg tijd om alsnog te piekeren. Dus waarom zou je dat van tevoren al doen? Daar komt nog bij: je lichaam kent het verschil niet. Wanneer jij je erg druk maakt over iets dat zou kunnen gebeuren, reageert je lichaam alvast met stresshormonen en een hogere bloeddruk terwijl er feitelijk nog niets aan de hand is. Mindfulness en meditatie maken je rustig, het ruimt lekker op in je hoofd en het is ook nog eens goed voor je hart- en bloedvaten.

Weet je waarmee je dit ook allemaal voor elkaar krijgt? Met beweging. Naast slaap en voeding is dat, zoals ik al zei, een van de drie elementen die de meeste invloed hebben op je lichamelijke gezondheid. Laten we het eens over die beweging hebben. Het menselijk lichaam is gemaakt om in beweging te zijn. Miljoenen jaren van evolutie hebben geleid tot een perfect geoliede machine die dé duurloper van het dierenrijk is: de mens kan langer rennen dan welke andere diersoort ook. Maar hoeveel rennen wij nog? Soms lijkt lopen al te veel moeite. Zouden we echt langzaam afkoersen op een wereld zoals die in de animatiefilm *WALL-E*, waarin alle mensen in karretjes worden rondgereden en nauwelijks nog kunnen staan?

Aangezien ik net heb verteld dat het niet mindful is om je druk te maken over dingen die zouden kunnen gebeuren, parkeer ik het schrikbeeld van *WALL-E* even en ga ik dit positief insteken. Dat is nog niet zo makkelijk, want eind 2023 noemde de Nederlandse Sportraad de huidige bewegingsarmoede een 'stille ramp'. Ze schreven in een rapport dat zij 'grote onmacht' voelden over het feit dat er op landelijk niveau niets aan wordt gedaan om alle ziekten die ontstaan door inactiviteit te keren. Diabetes type 2, hart- en vaatziekten, dikkedarmkanker, borstkanker en de aftakeling van de hersenen: het gaat allemaal sneller en wordt ernstiger door de bewegingsarmoede.

Slechts 44 procent van de Nederlanders beweegt voldoende. Volgens het RIVM overlijden dan ook jaarlijks 5800 Nederlanders doordat ze te weinig bewegen. De waarschuwingen van de Nederlandse Sportraad doen denken aan die van het Nationaal Preventieakkoord: het gaat de verkeerde kant op maar mensen steken het liefst hun kop in het zand. Toch wil ik proberen hier iets positiefs tegenover te stellen. Anders gaan eten, minder gaan drinken, stoppen met roken – dat zijn allemaal langzame processen die behoorlijk wat inzet en doorzettingsvermogen vragen. Meer bewegen niet. Meer bewegen doe je al als je op kantoor de trap neemt in plaats van de lift. Of als je tijdens je pauze buiten een rondje gaat lopen in plaats van in de kantine te blijven zitten.

Bij 'sport en beweging' denken mensen al snel dat ze met een tractorband moeten gaan gooien, maar matig intensief bewegen is veel belangrijker. Niet twee keer per week zo hard gaan in de sportschool dat je het snot voor ogen ziet, maar zorgen dat je iedere dag een beetje beweging krijgt. En dan liefst steeds een klein beetje meer. Een vriendin van me zei dat ze best wilde gaan sporten, maar het idee dat ze in een T-shirt en een legging tussen al die sportieve influencers in de gym moest gaan staan, sprak haar totaal niet aan. Maar bewegen is ook: een wandeling maken over de hei, boodschappen doen op de fiets, het knippen van je haag of lopen door de stad. In Nederland zit de groep vijftig- tot vierenzestigjarigen iedere dag gemiddeld 4 uur en 24 minuten (!) voor de tv – en daarbij is al het zittende werk en de computertijd niet eens meegerekend. Ik ben optimistisch genoeg om te geloven dat daar best een uurtje vanaf kan voor yoga, zwemmen, dansen, padellen, spinnen of bodypump. Dat geloof ik omdat het mij ook gelukt is om meer te gaan bewegen, en dat terwijl ik niet bepaald overloop van atletisch enthousiasme. Ik heb altijd getraind omdat ik anders kromgroei achter mijn computer, maar het komt me niet van nature aanwaaien. Vooral tijdens de overgang zakte mijn puf om te gaan sporten naar een absoluut nulpunt, al had ik toen de mazzel dat mijn trainer Susanne geregeld voor de deur stond en me aan mijn oor mee naar buiten trok.

Daar kwamen ook nog de coronajaren overheen, waarin het leven zo traag werd als dikke stront. Er zijn mensen die superfit zijn geworden tijdens de lockdowns. Ik was niet een van die mensen. Maar ik ben wel gaan wandelen. Steeds vaker, steeds verder. Ik moest er eerst wel om lachen want ik associeerde wandelen (in van die hem-en-haar-regenjassen van de ANWB) meer met mijn ouders dan met mezelf. 'De wandelaar' is ook een geheel eigen categorie. In het vliegtuig naar Malaga pik ik ze er te midden van de andere vakantiegangers zo tussenuit: ze hebben de Lowa-bergschoenen al aan, dragen een fleecejack van Fjällräven, een afritsbroek van Bever Sport, een North Face rugzak en... een grote glimlach. Als iets de kracht van ouder worden symboliseert, dan is het wel het vermogen om in te zien hoe gelukkig je wordt van wandelen. Als schrijver zit ik niet alleen lang in dezelfde houding, maar ook vaak binnenshuis. Daar is ons lichaam, en zeker het ouder wordende lichaam, helemaal niet voor gemaakt. Ik kreeg niet alleen last van mijn heupen, ik werd ook moe. Lang zitten maakt je veel vermoeider dan lang bewegen. Als je net als ik binnen zit, kun je in de wintermaanden bovendien ook nog behoorlijk wat vitamine D mislopen:

je gaat in het donker naar je werk, zit de hele dag onder het kunstlicht, en rijdt in de schemer terug naar huis. En dat terwijl we op deze leeftijd vitamine D juist extra hard nodig hebben voor onze brozer wordende botten.

Dus ga wandelen. En dan niet kuieren maar stevig doorwandelen, door weer en wind. Als je je erop kleedt, gaat dat prima. Wandelen is een van de beste dingen die je kunt doen om je lichamelijke en geestelijke gezondheid een boost te geven. Je motortje gaat ervan aan. Je wordt er vrolijk van. Positief. Energiek. In het begin zeggen mijn heupen vaak: eh, wat is dit nou? Maar na een minuut of twintig loop ik al op wolkjes. En weet je wat het mooie is? Het kost precies nul euro. Wandelen kan je helpen bij depressieve klachten, het is goed voor je botten, voor je hart- en bloedvaten, voor je conditie en voor je denkvermogen. Wanneer ik ergens over pieker of even vastzit bij het schrijven, maak ik het liefst een grote ronde over de dijk langs het IJmeer. Als ik flink doorstap en lekker uitwaai, loopt mijn hoofd vanzelf over van de nieuwe ideeën.

Als je meer wilt gaan bewegen, is het erg belangrijk dat je iets gaat doen wat je leuk vindt zodat het niet het zoveelste moetje in je agenda is, maar een positieve toevoeging aan je leven. Het gaat uiteindelijk niet om de zwaarte van de training maar om de trouwe herhaling. Ik laat me graag inspireren door Claudia Straatmans, voormalig hoofdredacteur van *Nouveau* en schrijver van drie wandelboeken vol verrassende routes door Nederland. Claudia is groot voorstander van 'lopen voor lekkers', zoals zij dat noemt: een mooie wandeling die uitkomt bij een gezellige koffieplek of bij een pittoresk restaurantje met lokale gerechten.

Wie mij in het begin van mijn wandelavontuur ook heeft geïnspireerd, is de zestigjarige ontdekkingsreiziger en klimaatjournalist Bernice Notenboom. Zij maakte recentelijk een maandenlange reis op de ski's over de Noordpool, om daar metingen te verrichten die verband houden met klimaatverandering. Tijdens mijn podcastinterview met deze krachtige dame was ik erg onder de indruk van het feit dat zij overdag een slee van honderd kilo achter zich aan trok en 's nachts bij -20 graden in klapperende tentjes sliep. Toen dacht ik: oké, een rondje Noordpool gaat mij niet lukken, maar een rondje Blaricumse heide moet er toch wel in zitten? Nu ik zelf vijfenvijftig ben, vind ik het inspirerend om een zestigplusser als Bernice te ontmoeten die uit betrokkenheid met het milieu naar alle uithoeken van de wereld gaat. In barre omstandigheden. Dat kán dus gewoon. Natuurlijk moet je een beetje mazzel hebben met je fysiek – ik hoef met mijn artrose geen zware slee te gaan trekken – maar het gaat om het idee. Het idee dat er met een ouder wordend lichaam nog veel meer mogelijk is dan je misschien denkt. En het begint ermee dat je daarin gelooft. Eerder vertelde ik al dat uit wetenschappelijk onderzoek blijkt dat de manier waarop je over ouder worden denkt van grote invloed is op hoe je je voelt. Ditzelfde blijkt te gelden voor lichamelijke activiteit: wanneer mensen zijn omgeven door een positieve manier van denken over ouder worden, kunnen ze beter bewegen.

En die positieve benadering zien we gelukkig steeds meer. Op Instagram kun je allerlei 'fitfluencers' vinden die pas op latere leeftijd zijn begonnen met krachttraining: na hun derde kind, na hun vijftigste verjaardag of zelfs ver na hun pensioen. Veel mensen zullen Joan MacDonald kennen, van het Instagramaccount Train with Joan, die op haar zeventigste de diagnose obesitas kreeg en moest afvallen van haar dokter. Ze begon trouw naar de sportschool te gaan en is nu, op haar zesenzeventigste, niet alleen superfit maar heeft ook een lifestyle-community opgebouwd met 1,9 miljoen volgers. 'Oudere vrouwen hebben veel te bieden,' zei Joan in een interview met *VROUW Glossy*, 'je moest eens weten waartoe oma allemaal in staat is!' In hetzelfde tijdschrift kreeg de lezer ook andere rolmodellen aangereikt: 'Kijk, dit is Jet (55) en zij doet aan rotsklimmen, Iris (56) is al jaren bezig met oceaanroeien, José (61) houdt van grotduiken en Gerda (64) is gaan skydiven.' Nu zie ik mezelf al deze sporten niet doen, maar het geeft me wel een duwtje in de rug om te kijken wat ik nog zou kunnen. En mij niet alleen: de snelst groeiende groep sportschoolabonnees is die van de zestigplussers. De kracht van ouder worden is soms precies dat: krachtig ouder worden. Want naast het wandelen en de bekende tienduizend stappen per dag (al mogen het er ook wat minder zijn want elke stap is meegenomen) heeft het ouder wordende lichaam ook krachttraining nodig.

Dit zijn de jaren dat osteoporose om de hoek komt kijken: botontkalking. Hoe ouder je wordt, hoe minder botmassa je hebt en hoe makkelijker je dus iets kunt breken. Toen ik las dat het verlies van je botdichtheid tijdens de overgang nog sneller gaat, dacht ik wel even: pff, houdt het dan nooit op? Gelukkig kun

De kracht van ouder worden is soms precies dat: krachtig ouder worden.

je met krachttraining een heleboel power terugbrengen in je lijf. Ook hiervoor geldt dat het veel belangrijker is hoe vaak je het doet dan hoe zwaar je het doet. Ik train zelf ook niet met veel kilo's maar wel met veel herhalingen. Natuurlijk is hier enige discipline voor nodig maar mijn trainer Susanne zegt graag dat discipline een vorm van zelfliefde is: je negeert een kortetermijnwens ('Ik wil lekker op de bank liggen') omdat je streeft naar een langetermijnwinst ('Ik krijg een sterker lichaam'). Waarom zou je een sterker lichaam willen? Omdat je dan meer endorfines aanmaakt waar je happy van wordt.

Omdat je hersenen dan beter werken en je hart krachtig blijft pompen. Je bent fitter, sneller, wendbaarder en je hebt meer uithoudingsvermogen. En, heel belangrijk: een fit en sterk lichaam kan de komende twintig jaar hét verschil maken tussen langer onafhankelijk en mobiel blijven. Een vriendin van mij die onlangs zestig is geworden, vertelde dat ze is gaan fitnessen en steeds vaker yoga doet om krachtig te blijven. 'Ik zie het als zegeltjes sparen,' zei ze, 'en dat boekje hoop ik vanaf mijn zeventigste te verzilveren.' Zegeltjes sparen. Leuk bedacht. Maar ondanks de vele positieve houdingen zijn er helaas ook types die niet enthousiast zijn over oudere mensen die gaan trainen. En dan vooral niet als het vrouwen zijn.

Fitgranny. Zo werden Isa Hoes (56) en Heleen van Royen (58) in de media genoemd toen ze op hun Instagram de gespierde resultaten lieten zien van het fitnessprogramma dat ze hadden gevolgd. Nu is Heleen ook oma van een paar kleinkinderen, maar Isa nog (lang) niet. Waarom ben je als je boven vijftig bent en in de sportschool staat een fitgranny? Ik begrijp dat je geen fitgirl meer bent, maar zit er voor een vrouw dan helemaal niets tussen girl en granny? Zijn dat de twee uitersten waartussen we ons moeten bewegen? Toen Jaap Jongbloed (67) besloot om superafgetraind te worden voor een reportage in het blad *Men's Health*, vonden mensen daar ook van alles van maar hij werd nergens een fitgrootje genoemd – en dat terwijl hij toch echt tien jaar ouder is dan Isa Hoes. Wat is er nu precies zo bedreigend aan vijftigplus-vrouwen die graag naar de sportschool gaan? Tuurlijk, vrouwen als Isa en Heleen krijgen ook veel complimenten op hun fitness-posts, maar er staan reacties tussen... Zoals die van een man die vraagt wat er vanbinnen mis met je moet zijn om je vanbuiten zo te willen tonen. Opmerkingen over anorexia. Over ribben tellen. Onnatuurlijk. Obsessief. Getrut over waardig ouder worden en inzien dat uiterlijk niet belangrijk is. Gemoraliseer over dat de acceptatie van veroudering bij beide dames ver te zoeken is. En wat moeten je (klein)kinderen wel niet denken?

Waar gaat het nu helemaal over? Het enige wat deze vrouwen doen, is trots zijn op hun gespierde armen. Vrouwen wordt steeds verteld dat ze blij moeten zijn met zichzelf, maar o wee als je dat bént. Waarom zou trainen haaks staan op waardig ouder worden? De meeste mensen trainen helemaal niet voor Instagram, ze trainen voor hun gezondheid. Als ze daar vervolgens foto's van willen maken: lekker doen. Net zoals niemand hoeft te gaan grotduiken met Gerda, hoeft niemand zo afgetraind te worden als Heleen of Isa. Ik heb zelf ook geen ambities in die richting, maar ik vind het wel inspirerend wat ze laten zien. Is het niet een beetje raar om een sportschema, zelfs een strikt sportschema, 'onnatuurlijk' en 'obsessief' te noemen? De gemiddelde Nederlander zit 2 uur en 59 minuten per dag voor de tv (en de vijftig tot vierenzestigjarigen zoals gezegd nog veel langer) maar er is eigenlijk nooit iemand die dat onnatuurlijk en obsessief vindt. Stel je voor dat je iedere dag drie uur in de sportschool zou gaan staan. Dan zouden mensen meteen aan je vragen 'of je niet doorslaat'. Bij urenlang tv-kijken vraagt niemand dat. Dat is toch de wereld op z'n kop? Maar goed, ieder het zijne. Ik zal nooit een doorgewinterde fitnessfanaat worden, maar ik begrijp wel hoe belangrijk het is dat ik in beweging blijf. Dat hoeft trouwens heus niet per se met een personal trainer of via dure programma's: in je eigen woonkamer kom je met talloze gratis YouTube-filmpjes ook een heel eind.

En dan hebben we het nog niet eens gehad over een van de fijnste neveneffecten van sport en beweging: je slaapt er beter van. Slaap is het laatste onderdeel van de gezonde drie-eenheid voeding, beweging en slaap. Als je vijfentachtig jaar wordt, heb je negentwintig jaar van je leven geslapen. Toen ik dit voor het eerst las, dacht ik: jeetje, wat zonde van mijn tijd. Maar slaap is allesbehalve zonde van je tijd. Goed slapen gééft je tijd. Het beste aantal uren slaap dat je per nacht kunt pakken, is tussen de zes en acht. Zeven uur zou ideaal zijn. Minder dan vijf of meer dan negen uur slaap is ongezond. Slaapspecialisten zeggen dat het belangrijk is dat je die zeven uur slaap achter elkaar pakt, en niet drie uur hier en vier uur daar. In de uren dat je slaapt, zijn je lichaam en je brein bezig met opruimen, archiveren, verwerken en herstellen. Dat gaat na het inslapen in een vast, zich herhalend ritme van lichte slaap, diepe slaap en droomslaap of remslaap. Die natuurlijke cyclus moet je zo veel mogelijk proberen te respecteren. Terwijl je slaapt, krijgt je lichaam niet alleen rust maar ook een fysieke en mentale onderhoudsbeurt: emoties worden via dromen verwerkt, dingen die je hebt geleerd worden van het kortetermijngeheugen naar het langetermijngeheugen verplaatst, je organen kunnen even bijkomen, je cellen worden opgefrist, wondjes op je huid krijgen extra aandacht. Een goede nachtrust is dan ook van wezenlijk belang voor een goede gezondheid – zeker als je ouder wordt.

Helaas zijn er heel wat mensen die met hun slaap worstelen. Volgens een rapport van het Trimbos-Instituut, het RIVM en de Hersenstichting (2018) heeft bijna een kwart van de Nederlanders problemen met slapen en kampt 10 procent met chronische slapeloosheid. Ik zal het meteen maar even zeggen: daar hoor ik niet bij. Over het algemeen slaap ik als een os. Ik heb nooit moeite gehad om die zeven of acht uur te pakken – al begrijp ik inmiddels dat het lange uitslapen dat ik op zondag graag doe, ook niet per se gezond is. Richard heeft veel meer moeite met zijn nachtrust. Hij maakt

‘Het managen van stress is belangrijker voor je hart dan welke boter je op je brood smeert.’

JANNEKE WITTEKOEK, cardioloog
en DORENDA VAN DIJKEN, gynaecoloog,
in hun boek *Hart & hormonen*

meestal te korte nachten omdat hij erg vroeg wakker wordt en daarna niet meer in slaap komt. En dus gaat hij dan maar om vijf uur 's ochtends sporten, waardoor zijn lichaam volgens mij inmiddels ook niet meer weet dat langer slapen tot de mogelijkheden behoort. Moeilijk in slaap kunnen komen is bijzonder stressvol. Je blijft maar wachten, woelen en piekeren, en het meedogenloze verspringen van de klok ('O, god, het is al 3.30 uur') maakt het alleen maar erger. Veel vijftigplussers worden 's nachts wakker omdat ze moeten plassen en kunnen daarna niet meer in slaap komen. Er kan ook sprake zijn van menopauzaal nachtzweten, van lawaaiige bovenburen die 's nachts hun hele meubilair lijken te willen verplaatsen of – een van de grootste irritaties – snurkende partners.

Richard kan ook behoorlijk snurken, en daarvan weet ik uit eigen ervaring dat het je tot razernij kan brengen. Maar twee jaar geleden heeft hij zelf een oplossing bedacht die wonderwel bleek te werken. Toen we door het tv-programma *Ivo Niehe op Zondag* werden geïnterviewd over ons ochtendritueel (en ik warme broodjes uit de oven haalde, waarop Richard tegen de cameraploeg zei: 'Ik ben zo blij dat jullie er zijn want normaliter krijg ik nooit warme broodjes!' – wat waar is) vertelde Richard over zijn 'driekussentechniek', en hoe die had geholpen tegen het snurken. Na de uitzending ben ik nog zeker twee weken bedolven onder de smeekbedes op social media: 'Geef me alsjeblieft het geheim van die driekussentechniek, zodat ik mijn man niet meer hoef te strotten.' De techniek is eigenlijk niets bijzonders: Richard ligt vanaf de onderkant van zijn schouders op drie hoofdkussens, dus met zijn bovenlichaam een beetje omhoog. Dat werkt als een trein tegen snurken. Ik heb zoveel bedankmailtjes gehad! Niet goed kunnen slapen kan je radeloos maken, en dat is niet verwonderlijk. Als je iedere dag één uur te weinig slaapt, heb je na een week een hele nacht gemist. Dat noemen ze de 'slaapschuld', en die los je eigenlijk niet meer in. Iedereen kan een paar slechte nachten verdragen, maar als je batterij stelselmatig niet genoeg wordt opgeladen, begint je gezondheid er serieus onder te lijden.

Te kort (of juist te lang) slapen kan op lange termijn het risico op hartfalen, diabetes of een beroerte verhogen. Slaaptekort heeft op korte termijn echter ook 'kleinere' gevolgen: je geheugen gaat haperen, je raakt sneller geïrriteerd, maakt fouten in het verkeer, struikelt over je eigen voeten en krijgt vreethonger. Dat is allemaal niet niks. En aangezien heel wat mensen een slaaptekort krijgen door het slaapgedrag van hun partner, rijst de vraag: hoe logisch is het eigenlijk dat we in één bed liggen? Ik vind het nog steeds gezellig om samen te slapen, al is het voor mij niet altijd even comfortabel met een man van bijna twee meter die graag diagonaal ligt en het altijd warm heeft als ik het koud heb.

In de Verenigde Staten blijkt samen slapen een neergaande trend te zijn: één op de vier Amerikaanse echtparen slaapt al apart, en de Amerikaanse vereniging van huizenbouwers heeft gezegd dat binnen afzienbare tijd 60 procent van de nieuwe huizen met twee masterbedrooms zal worden opgeleverd. Het is een groeiend fenomeen dat de 'nachtscheiding' wordt genoemd: echtparen die gelukkig getrouwd zijn, maar 's nachts liever alleen slapen. Dat kan een heleboel redenen hebben, maar het eerdergenoemde snurken staat huizenhoog bovenaan. Bijna 45 procent van alle mannen snurkt, tegen 25 procent van de vrouwen, en heel wat mannen weten daarbij een niveau van 85 decibel te halen: het geluid van een zware vrachtwagen.

Zo'n nachtscheiding kan ook andere oorzaken hebben: verschil in lichaamstemperatuur bijvoorbeeld, of al te frequente plasmomenten. Er zijn mensen die graag in het pikkedonker slapen terwijl anderen liever een lampje aanhouden. Je hebt mannen die door het bed woelen en vrouwen die alle dekens naar zich toe trekken. Mensen die heel vroeg op moeten, of partners die diep in de nacht thuiskomen van hun werk. Allemaal legitieme redenen, maar wat betekent niet samen slapen voor je liefdesleven? Sommige relatiedeskundigen zeggen dat het de doodsteek voor een huwelijk kan betekenen. Iedereen zit tegenwoordig al op zijn eigen smartphone-eiland en als je dan ook nog niet samen slaapt, wat blijft er dan aan intimiteit over? Daar zit wat in, maar seks of een goed gesprek hoeven niet altijd 's avonds te gebeuren, en erna kun je alsnog naar een andere kamer gaan. De Engelse slaapdeskundige dr. Neil Stanley is het daarmee eens: hij vindt dat niemand in één bed zou moeten liggen omdat je met z'n tweeën altijd slechter slaapt dan alleen, en dit op den duur gezondheidsproblemen oplevert. Ik ben nog lang niet zover. Zolang het enigszins te doen is, vind ik het veel knusser om samen te blijven slapen. En daarbij: een heleboel slaapproblemen worden niet door je partner veroorzaakt, maar door jezelf.

De gemiddelde Nederlander slaapt een uur per nacht minder dan twintig jaar geleden, en dat is geheel toe te schrijven aan alle nieuwe media. Tv-series bingen tot diep in de nacht, het nieuws lezen op je telefoon, wordfeud spelen met iemand aan de andere kant van het land, online shoppen (wist je dat de kooppiek rond tien uur 's avonds ligt?) – het staat allemaal haaks op lekker rustig in slaap vallen.

Een van de beste dingen die ik voor mijn slaap heb gedaan, is een alarmklokje kopen zodat ik mijn telefoon beneden kon laten. Dat was altijd mijn excuus: 'Ja maar, het is mijn wekker', terwijl ik heus wel merkte dat ik steeds slechter in slaap viel door al dat late scrollen. De behoefte om een smartphone vast te houden, is ongekend hardnekkig. Helaas is het zo dat het blauwe licht van je telefoon en andere elektronische apparaten de afgifte van het 'slaapstofje' melatonine vertraagt, waardoor je moeilijker in slaap komt. Wanneer je voor het slapen nog even je zinnen wilt verzetten, lees dan een fijn boek. Liever niet iets met moord en doodslag, daar hebben we het journaal al voor. En bij voorkeur geen e-reader. Die kun je weliswaar dimmen, maar een boek met papieren pagina's is rustgevender voor je ogen. Ik zit momenteel in de kasteelporno, zoals ik het gekscherend noem: *Bridgerton*-achtige romans van de uitstekende schrijfster Lisa Kleypas, over vrijgevochten vrouwen in de negentiende eeuw, met heel veel seks. Daar slaap ik prima op.

De kracht van ouder worden is aan jezelf durven vragen: waarom doe ik wat ik doe?

Hoe ouder je wordt, hoe meer de kwaliteit van je slaap achteruit zal gaan, en daarmee ook je geheugen. Nu is dan ook dé tijd om goede mentale reserves op te bouwen zodat je brein straks tegen een stootje kan. Hoe geef je jezelf de beste uitgangspositie voor een goede nachtrust? Dat begint met de inrichting van je slaapkamer. Probeer daar een plek van te maken waar je tot rust komt: weinig meubels, opgeruimd en overzichtelijk (dat is bij mij nog een puntje van aandacht want ik heb De Stoel waar alles overheen ligt), veel frisse lucht en geen tv. Als laatste wil ik zeggen: probeer in de uren voor je gaat slapen weinig tot geen alcohol of nicotine te gebruiken, anders is je lichaam de hele nacht aan het ontgiften en komt het niet aan repareren toe.

Ik kan me voorstellen dat je nu denkt: wat veel. Wat moet ik veel en wat mag ik weinig. Maar zo is het niet bedoeld. Niemand doet alles perfect als het om voeding, beweging of slaap gaat. Ja, boeddhistische monniken misschien. Maar dat zijn jij en ik niet, en dat hoeft ook niet. Wij willen leven en beleven, genieten en gelukkig zijn. Maar we willen ook leren. De kracht van ouder worden is aan jezelf durven vragen: waarom doe ik wat ik doe? Ben ik blij met mijn leefstijl en tevreden over de keuzes die ik maak? Heb ik genoeg tijd voor mezelf en voor de dingen waar ik happy van word? Zijn er punten waar ik nog wat extra winst zou kunnen behalen voor mijn gezondheid? Het is nergens voor nodig om je hele leven rigoureus om te gooien; dat is veel te overweldigend. Begin klein. Want met de kleinste stapjes bereik je vaak de grootste resultaten.

IN JE GEZICHT

We hebben inmiddels al heel wat besproken over de effecten van ouder worden op je spieren en organen, maar we hebben het nog niet over het grootste orgaan gehad: je huid. Terwijl de veroudering van je hart of nieren vanbinnen plaatsvindt en dus niet direct in het oog springt, is die van je huid – en dan met name de gezichtshuid – behoorlijk *in your face*: na je vijftigste begint de boel een beetje in te zakken. Hoe ga je daarmee om? Dat weet je meestal pas als het zover is. En dat is dus nu. Ik ging laatst lunchen met Anette, mijn buurmeisje van vroeger (grappig eigenlijk hoe ze in mijn hoofd altijd mijn 'buurmeisje' is gebleven terwijl ze inmiddels ook alweer zesenvijftig is), en tijdens het eten kwamen er allerlei herinneringen boven over dingen die wij zeker meenden te weten toen we nog tieners waren. Zo hadden we op de middelbare school een oudere lerares geschiedenis bij wie de mondhoeken een beetje naar beneden waren gaan staan, waardoor zij – naar onze niet zo bescheiden mening – een ontevreden blik had gekregen. Mijn buurmeisje en ik wisten precies hoe dat kwam: ze had niet genoeg gelachen in haar leven. Dan werd je een zure ouwe tak, en dat zou óns later nooit overkomen. Inmiddels zijn we ruim veertig jaar verder en inderdaad, we lachen nog steeds, maar nu vooral over ons jeugdige onbenul. Want a) ik geef het je te doen om altijd maar te blijven lachen wanneer je voor een klas met pubers staat, b) het is heel normaal dat je wangen een beetje gaan zakken, en c) het uiterlijk van vrouwen zegt niets over hun innerlijk.

Met name over dat laatste schijnt nogal wat verwarring te zijn. Anette en ik hadden tenminste nog het excuus dat we kinderen waren. Maar als ik de afgelopen vijftig jaar iets heb geleerd dan is het wel dat veel volwassenen (mannen én vrouwen) niet alleen een mening hebben over het uiterlijk van vrouwen, maar daar ook allerlei conclusies aan verbinden. Het meest pijnlijke voorbeeld hiervan is natuurlijk: er is een vrouw verkracht – wat had ze aan? Dit meningencircus wordt niet minder als je ouder wordt. Sterker nog: soms lijkt het wel of er een tandje wordt bijgezet. Heb je rimpels? Dan ben je een ouwe muts. Probeer je jeugdig te blijven? Dan doe je te veel je best. Ga je je wat ingetogener kleden? Dan ben je een suffe doos. Trek je nog graag een kort jurkje aan? Dan kun je het ouder worden niet accepteren. In een aflevering van het programma *Ik vertrek* zat een scène waarin een aantal vrouwen hun vulva zaten te stomen boven een dampend kruidenmengsel. Ja, dat stomen is ook een hype-dingetje waarvan gynaecologen zeggen dat het nergens voor nodig is, maar waarom moest Youp van 't Hek daar in zijn column meteen 'stroeve dames uit de overgangsklasse' van maken? 'Duffe mutsen' die hun 'oude schaamspleet' moesten opfrissen? Nu is het zo dat Youp met iedereen de vloer aanveegt maar zodra het over ouder wordende vrouwen gaat, zijn bepaalde woorden (duf, muf, suf) nooit ver weg.

Als je zulke dingen maar vaak genoeg hoort, ga je ze misschien geloven. De kracht van ouder worden is weten dat dit jou niet gaat gebeuren. In 2021 heeft het Amerikaanse onderzoeksbureau OnePoll tweeduizend vrouwen van dertig jaar en ouder gepeild over hun zelfvertrouwen en hoe zich dat had ontwikkeld. Van de ondervraagde vrouwen zei 63 procent te verwachten dat ze steeds meer zelfvertrouwen zouden krijgen naarmate ze ouder werden: oudere vrouwen hadden hun plek in het leven immers gevonden en trokken zich veel minder van de mening van anderen aan. En zo is het: op deze leeftijd doe je en draag je wat je zelf wilt. Je schaamt je minder en je weet meer. (Als wij thuis een pubquiz spelen, verzuchten mijn kinderen vaak: 'Waarom weet jij zoveel?' Omdat ik een halve eeuw op de teller heb, daarom!) Deze uitkomst past bij het onderzoek dat ik in het voorwoord heb aangehaald: in de U-vormige geluksgrafiek zit je vanaf je veertigste in het pootje omhoog.

Natuurlijk is ouder worden niet alleen maar regenbogen en confetti; het brengt ook nieuwe uitdagingen met zich mee. Toen OnePoll vroeg waar vrouwen met het klimmen der jaren punten van aandacht in zagen, bestond de top-3 uit huid, tanden en haar. Wat gebeurt er eigenlijk met je huid als je ouder wordt? En is daar iets tegen te doen? Om met de laatste vraag te beginnen: nee, tegen huidveroudering an sich is niets te doen. Maar hoe vroeg het begint en hoe snel het verloopt – daar zit nogal wat verschil in. Vroeger zeiden ze graag dat je aan het gezicht van je moeder kon zien hoe je zelf ouder zou worden. Aan de ene kant is dat waar omdat je voor de helft dezelfde genen hebt, maar aan de andere kant hoeft dat ook helemaal niet zo te zijn omdat jij bijvoorbeeld andere gewoonten hebt dan je moeder. Huidveroudering komt namelijk niet alleen van binnen, maar ook van buiten. Vanbinnen verlies je botweefsel waardoor je kaak wat kleiner wordt en je ogen dieper in hun kassen komen te liggen. Ook het onderhuidse vetlaagje wordt minder en zakt naar beneden, waardoor bij sommige mensen (zoals bij mijn vroegere docente) de mondhoeken omlaag worden gedrukt. Daar komt bij dat naarmate je ouder wordt de proteïnes die je huid sterk en elastisch moeten houden – collageen en elastine – steeds minder goed hun werk doen. Tel daarbij op dat ook de gezichtsspieren het effect van de zwaartekracht beginnen te voelen en je begrijpt dat rimpels, hangende oogleden en een kalkoennek tot de mogelijkheden gaan behoren. Net als het gegrilde-kip-effect op je handen, de rommelige huid boven je knieën en de vouwen op je rug, die een vriendin van mij deden uitroepen: 'Ik lijk van achteren wel een gesmolten kaars!'

Een van de allergrootste boosdoeners van buitenaf bij huidveroudering is de zon. Huidspecialisten zeggen dan ook dat zonnebrandcrème met afstand de beste antirimpelcrème is. Maar ja, dan moet je natuurlijk wel op tijd beginnen en de vijftienjarige Daphne heeft niet zoveel rekening gehouden met de vijfenvijftigjarige Daphne. Ik smeerde me vroeger eigenlijk alleen in als mijn moeder met die fles Delial achter me aan kwam (waarom zijn het eigenlijk altijd de moeders die verantwoordelijk zijn voor de zonnebrandcrème? Waarom moeten wij de smeerpolitie zijn, met alle chagrijn van dien?) maar als ik met mijn vriendinnen aan het Wylermeer lag, was ik het glad vergeten. Ik herinner me niet anders dan dat we allemaal geregeld verbrandden en daarna de velletjes van elkaars rug en schouders gingen trekken, want dat gaf zo'n lekker gevoel. Eén vriendin van mij deed zelfs De Klassieker: insmeren met bakolie en een zonnereflector maken van aluminiumfolie. Het waren de jaren tachtig; we waren niet al te scherp – we dachten destijds ook dat niemand ooit zoiets onnodigs als een draagbare telefoon zou willen hebben. Toen ik in mijn studententijd modellenwerk begon te doen en voor bikinishoots naar allerlei tropische eilanden werd gestuurd, kreeg ik te verstaan dat ik weliswaar bruin moest zijn maar zeker niet mocht verbranden om de eenvoudige reden dat het nabewerken van foto's nog niet was uitgevonden. Vanaf dat moment ging ik trouw onder de zonnebank – inclusief gezichtsbooster – voor een 'gezond' kleurtje.

Volgens mij kan iedereen het inmiddels dromen, maar hier komt-ie nog een keer: wil jij je huidveroudering niet versnellen en de kans op huidkanker niet vergroten? Ga dan niet onder de zonnebank en zorg dat je niet verbrandt. Ergens wist ik destijds ook wel dat het niet zo gezond was (het branderige gevoel na de gezichtsbooster was een veeg teken) maar als je jong bent is 'de rekening komt later' een ongrijpbaar concept. Ben je eenmaal de vijftig gepasseerd, dan wordt het een stuk tastbaarder: huidkanker is de meest voorkomende kanker bij zestigplussers. Blijf dus goed met zonnebrandcrème smeren en laat je moedervlekken checken, juist nu je ouder wordt.

Sinds de uitvinding van de zelfbruiner ben ik niet meer onder de zonnebank geweest en heb ik ook nooit meer liggen bakken in de zon. Mijn huid kan er ook niet meer zo goed tegen; ik zit nu het liefst onder een parasol. De komst van de spraytan was een godsgeschenk: dat geeft niet alleen een mooie egale tint, ik word er ook nog eens diepbruin van, iets wat van nature niet in mijn lichte huidtype zit. Hoewel ik het resultaat erg flatterend vind, is het aanbrengen van een spraytan verre van elegant. Je staat in je blootje (en op zelfklevende 'voetjes' omdat je anders bruine voetzolen krijgt) voorover te buigen, zodat een dame met een airbrushpistool de onderkant van je billen kan sausen. Toch ben ik het jaren blijven doen, want feit is: mensen zeggen allemaal 'dat je er zo gezond uitziet' wanneer je bruin bent. En je zomerkleren staan ook beter. Totdat ik een keer was uitgenodigd bij de Grammy Awards en actrice Nicole Kidman op de afterparty aan me voorbij schreed. Ze droeg een blote jurk en had een intens witte huid; haar rug leek wel van marmer. Zo wit hoeft voor mij niet, maar het gaf me wel een andere kijk: iets meer naturel en iets minder Nutella was misschien niet zo verkeerd. Tegenwoordig mix ik een paar druppels zelfbruiner door mijn bodylotion waardoor ik in de zomer een bescheiden, *sun-kissed* tintje heb. Dit tot vreugde van Richard, want die was geen fan van de spraytan. In het begin geeft het spul behoorlijk af waardoor er 's ochtends een bruine afdruk in de lakens ligt: een soort lijkwade van Turijn. Hij vond dat – heel gek – niet echt sfeerverhogend.

Genoeg over de zon, want er zijn nog meer factoren die van buitenaf de veroudering van je huid versnellen. Roken bijvoorbeeld. Dat staat met stip op twee. Hoe ouder rokers worden, hoe duidelijker je dit aan hun gezicht gaat zien: de huid is vaal en grijzig, meer gegroefd en slecht doorbloed. Heel wat rokers zullen nu zeggen: 'Kan me niks schelen, ik vind het gewoon lekker.' En dat snap ik, want na heroïne en crack is nicotine de meest verslavende stof op aarde. Maar mocht je toch besluiten geen sigaretten meer te willen roken, dan zul je zien dat je huid letterlijk en figuurlijk op adem kan komen en al binnen een paar maanden frisser, gezonder en beter gehydrateerd oogt.

Andere veroorzakers van een versnelde huidveroudering zijn alcohol, suiker, stress, luchtvervuiling en slaaptekort. Ik vind het echt opvallend hoezeer te weinig slapen tegenwoordig in mijn gezicht gaat staan. Als ik een paar nachten te laat naar bed ga, moet ik 's ochtends echt even uitdeuken. Borduursels op mijn kussenslopen – daar kan ik ook niet meer tegen. Het patroontje staat na het wakker worden nog een half uur in mijn gezicht. En weet je wat ik ook begin te zien? Dat ik vooral op de rechterkant van mijn gezicht heb geslapen: daar begint een klein maar waarneembaar verschil met links te ontstaan. Ik heb gelezen dat koud douchen veel goeds voor je kan doen: je bent meteen wakker en het stimuleert de doorbloeding van je huid. Maar sorry – het laatste waar ik 's ochtends zin in heb, is onder zo'n koude straal gaan staan. Ik wil liefst rustig op gang komen. Richard springt als toast uit de broodrooster uit bed: de wekker gaat en *ping!* hij staat rechtop. Ik ben meer een oven die langzaam op temperatuur moet komen. Daarom wil ik in de badkamer ook prettig licht, en niet meteen volle bak al die lampen aan. Het meest flatteuze licht is indirect licht dat bijvoorbeeld achter je spiegel vandaan komt (het zogeheten *beauty light*) of daglicht dat recht van voren komt. Het meest onflatteuze licht is een plafondspotje boven je wasbak dat naar beneden schijnt (dit geeft hetzelfde effect als een zaklamp onder je kin) of licht van opzij.

Misschien denk je nu: wat maakt het uit? Maar als ik 's ochtends in de spiegel kijk, vind ik het fijn om mezelf in een vriendelijk lichtje te zien in plaats van mijn dag te beginnen met de donkere wallen die plafondspotjes me geven. Licht van boven wordt in de fotografie 'vals licht' genoemd: het geeft schaduwen die je rimpels erger doen lijken dan ze zijn. Wie knapt daar nou van op? Onder een fel plafondspotje is het ook moeilijk om je make-up aan te brengen: door het valse licht zie je niet goed wat je aan het doen bent. Een

‘Ik *wíl* oud zijn. Ik word moe van jong proberen te zijn, ik wil niet jong zijn, ik ben al jong geweest. En mijn grijze krullen staan me gewoon heel goed.’

ANDIE MCDOWELL, actrice

vergrotende make-upspiegel met een ringlicht is ideaal voor onze leeftijd. Ik vind het trouwens wel grappig dat ik me nog goed kan herinneren dat ik vroeger in hotelkamers dacht: wie kijkt er in godsnaam in die vergrotende spiegels? Ik werd er destijds een beetje duizelig van. Daar heb ik allang geen last meer van. Zo'n spiegel is inmiddels mijn beste vriend – zo zie ik tenminste waar ik moet wezen als ik op jacht ga naar de baardhaar die uit mijn kaak is gaan groeien. Van een van mijn vriendinnen, de visagiste Elles Nijkamp, heb ik een vergrotende reisspiegel met zuignapjes cadeau gekregen die ik overal vast kan kleven. Erg handig, want zonder leesbril zie ik van dichtbij niet veel, en mét leesbril kan ik mijn ogen niet opmaken. (Ja jongens, ik weet het, het zijn *first world problems*, maar toch.)

Elles geeft trouwens al jaren make-up-masterclasses aan veertigplus-vrouwen, en daar heeft ze het heel druk mee. De kracht van ouder worden is inzien dat de make-up die je droeg op je vijfentwintigste niet meer zo flatterend is op je vijfenvijftigste. Niet omdat je er te oud voor bent of omdat sommige kleuren niet meer 'mogen' maar omdat je oogleden en je kaaklijn op een andere plek zijn gaan zitten. Ook het feit dat je ogen dieper in hun kassen zijn gaan liggen en je wenkbrauwen steeds minder kleur hebben, vragen om een iets andere aanpak. Voordat je denkt aan een mini-lift of andere grote ingrepen is het goed te weten dat je met slim aangebrachte make-up veel kunt bewerkstelligen. Met een primer kun je een onregelmatige huid gladder laten ogen. De juiste foundation en een crème blush kunnen de soms wat doffere postmenopauzale huid een gezonde glans geven. Met een concealer kun je oneffenheden verdoezelen en met een corrector laat je donkere wallen verdwijnen. Het verven van je wenkbrauwen kan je ogen meer uitdrukking geven. En door je oogmake-up op een bepaalde manier aan te brengen (zie talloze tutorials op Instagram) kun je een optisch liftend effect bereiken. Wanneer je ouder wordt, hoef je niet méér make-up te

De kracht van ouder worden is inzien dat de make-up die je droeg op je vijfentwintigste niet meer zo flatterend is op je vijfenvijftigste.

gebruiken, maar moet je de producten net even anders aanbrengen. Het loont dan ook echt de moeite om jezelf 'om te scholen' en te leren hoe je met een paar nieuwe foefjes het beste uit je gezicht kunt halen.

Iedereen weet dat het belangrijk is dat je je gezicht 's avonds goed schoonmaakt met een zachte make-upremover om je huid daarna in een lekkere verzorgende crème te zetten. Wat niet iedereen weet, is dat die crème helemaal geen duur product van een luxemerk hoeft te zijn. Bij zo'n merk bestaat de verkoopprijs niet zelden voor een groot deel uit de mooie verpakking (met de inhoud van een theelepeltje) en de reclamecampagne met een Hollywoodster. Als een gezichtscrème een SPF bevat (een zonbeschermingsfactor) en de vitaminen A, C en E ben je al een heel eind. Het gaat vooral ook om de routine: wanneer je iedere ochtend en avond je huid met aandacht verzorgt en een moisturizer aanbrengt, houd je de buitenste huidlaag zacht en soepel. Daarnaast zijn er nog een aantal andere mogelijkheden om de kwaliteit van je gezichtshuid aan te pakken, zoals botox, fillers, peelings en lasers. Vooral de eerste twee maken de tongen los: iedereen heeft er een mening over.

Terwijl de meeste mensen het normaal en ook belangrijk vinden de veroudering van organen en spieren zo goed mogelijk te lijf te gaan met voeding, sport en vitaminen, is de aanpak van het grootste orgaan, de huid, een netelig onderwerp. Voor vrouwen dan, want de meeste mannen vallen op de een of andere manier buiten deze discussie. Met botox en fillers komt de ouder wordende vrouw namelijk op het terrein van een ingewikkelde kwestie: die van het zogenoemde 'waardig ouder worden'. Ik ben niet zo'n fan van deze term. Dat komt grotendeels door het waardeoordeel dat erin besloten ligt: blijkbaar zijn er regels omtrent het uiterlijk van ouder wordende vrouwen en heeft iemand (wie eigenlijk?) besloten wat waardig is en wat niet. Is dat niet een tikje... aanmatigend? We zijn toch zeker geen vijftigplussers geworden om nog steeds voorschriften te krijgen over onze haarlengte of leefwijze? Het ergert me ook dat waardig ouder worden alleen voor vrouwen lijkt te gelden. Wordt dat ooit van een man verwacht? Waarom dan wel van mij? En wat is het precies, dat waardige ouder worden? Het heeft er allemaal mee te maken dat je als vrouw moet accepteren dat je ouder wordt. Daarmee wordt niet bedoeld dat je ogen achteruitgaan en je een leesbril nodig hebt, of dat je aderen wat zwakker worden en je steunkousen moet gaan dragen. Ze bedoelen

De kracht van ouder worden is weten: mijn lichaam is van mij.

ook niet dat je vitamine D moet gaan slikken omdat je botten brozer worden of dat je een toefje oestrogeenzalf in je vagina moet aanbrengen omdat die wat droger kan zijn. Nee, het hele concept van waardig ouder worden gaat over accepteren dat je uiterlijk ouder wordt. Voor ingezakte voeten zijn er inlegzolen maar ingezakte wangen? Daar moet je vanaf blijven. Je schoonheid heeft nu eenmaal een uiterste houdbaarheidsdatum en pas nadat die is afgestempeld en jij dit volledig hebt geaccepteerd, kom je als vrouw bij een diepere, wijzere laag. De waardige laag.

Veel ouder wordende vrouwen vinden het ook helemaal prima om minder met hun uiterlijk bezig te zijn. Sommige vinden het een verademing om hun haar niet meer te verven en lekker grijs te worden. Andere zweren bij zo'n heerlijke broek met een elastische taille (die heb ik ook!) waarin je je buik niet hoeft in te houden. Het is ook heel gezond om rimpels niet te zien als defecten die bestreden moeten worden, maar als de landkaart van je leven: lijnen die gekoesterd mogen worden. De kracht van ouder worden is weten: mijn lichaam is van mij. Wat je wel of niet doet of draagt, is hoe jij het mooi of fijn vindt.

Een van de belangrijkste dingen die ik heb geleerd over het vinden van geluk is dat je de complimenten die je graag zou horen niet buiten jezelf moet zoeken. Prijs jezelf. Wees trots op jezelf. Geloof in jezelf. De rest is bijzaak. Ik ga dan ook niet zitten wachten totdat iemand anders mij wijs of waardig vind. Natuurlijk brengt ouder worden verdieping met zich mee; dat is de reis naar binnen (waarover meer in het volgende hoofdstuk). Maar staat dat haaks op het verven van je grijzer wordende wenkbrauwen? Val je buiten de spirituele boot wanneer je een botoxprikje in je fronsrimpel wilt zetten? Sommige mensen schijnen te denken van wel. En het zijn niet de minsten.

Prof. dr. Liesbeth Woertman is hoogleraar psychologie, en gepromoveerd op het onderwerp lichaamsbeelden. Ze schreef het boek *Wie ben ik als niemand kijkt?* over de rol van schoonheid en identiteit in het leven van vrouwen boven de veertig. Haar boek kreeg goede recensies, dus ik dacht: dat wil ik lezen. Het gaat grotendeels over het verlies van je seksuele aantrekkingskracht, het loskomen uit het strakke korset van het schoonheidsideaal, en het afscheid durven nemen van de begerige blik van mannen omdat je daarna pas echt helemaal jezelf zou kunnen zijn. Ook schrijft Woertman dat uit onderzoek blijkt dat mensen die veel tijd op social media doorbrengen, onzekerder zijn over hun lichaam en hun uiterlijk. Dat geloof ik graag. Daarom ben ik de afgelopen jaren ook kieskeuriger geworden in de accounts die ik volg. Ik wil positivisme in mijn feed; mensen die ik bewonder, die mij inspireren of om wie ik hardop moet lachen. Ik ben feministisch en over een aantal onderwerpen ook behoorlijk activistisch, maar ik heb gemerkt dat ik er gestrest van word wanneer ik me iedere dag met allerlei online discussies bemoei. We weten inmiddels ook dat deze discussies niet zijn bedoeld om er samen uit te komen maar dat algoritmes de voorkeur geven aan ruzie, ophef en polarisatie. Ik kan het dan ook iedereen aanraden om per kwartaal grote opruiming te houden in de accounts die je volgt; dat geeft rust en ruimte in je hoofd.

Ik wil me echter wel nog even met de ideeën van Liesbeth Woertman bemoeien. Zij schrijft een heleboel interessante dingen die me zeker aan het denken hebben gezet, maar ik was het niet altijd met haar eens. Misschien komt het doordat ik vaak banen heb gehad waarbij mijn uiterlijk ook een factor was (eerst in de mode en later bij film en tv) of gewoon een ijdele muts ben van mezelf, maar ik begrijp niet helemaal waarom de rol van *Crone*, de alwetende Wijze en respectabele Oude Vrouw, pas mijn kant op kan komen nadat ik als postmenopauzale vijftigplusser heb geaccepteerd dat ik onherroepelijk als een pudding in elkaar ga zakken. Dit schijnt heel erg nodig te zijn om mijn ware, niet meer op de buitenkant gerichte zelf te vinden. Oké. Ik begrijp het, maar mag ik misschien ook nog een beetje leuk mijn haar blijven föhnen? Nee, liever niet, want Woertman schrijft letterlijk: 'Duiken we weg en verbergen we ons onder een laag make-up? Hollen we naar de cosmetisch arts of durven we in onze kracht te gaan staan?' Los van het feit dat ik het nog steeds gewoon leuk vind om met mode, make-up, spa-dagjes en gezichtsverzorging bezig te zijn (sorry, foei, ik weet het) denk ik ook: worden dit soort dingen ooit tegen mannen gezegd? Kun je je voorstellen hoe dat zou klinken? 'Duiken we weg en verbergen we ons onder een strip viagra? Hollen we naar de haarplugs of durven we in onze kracht te gaan staan?'

Woertman schrijft ook dat we 'niet weten' wat de motivatie voor vrouwen is om iets aan hun uiterlijk te doen. Om twee zinnen verderop te zeggen: 'Veel vrouwen zeggen dat ze een cosmetische ingreep ondergaan voor zichzelf. Dat is per definitie niet waar, omdat we ons uiterlijk betekenis geven door het te vergelijken met dat van anderen.' Ja, we leven te midden van andere mensen en er zal altijd een bepaalde wisselwerking zijn met je omgeving. Toch denk ik niet dat je zomaar kunt stellen dat vrouwen zich 'dus' niet voor zichzelf mooi willen maken. Ik vind het een beetje apart om eerst te zeggen dat de redenen waarom vrouwen iets aan hun uiterlijk doen niet bekend zijn, om vervolgens te zeggen: 'Ja, er zijn wel redenen, maar die geloof ik niet.' Waarom is 'ik wil het' geen afdoende reden? Net zoals 'nee' een volledig antwoord is, geeft 'ik wil het' meer dan genoeg informatie. We zijn nu eindelijk op een leeftijd dat we kunnen en durven zeggen: ik wil het, dus ik doe het. En daarbij: is negatief oordelen over andermans psyche ('Jij durft niet in je kracht te gaan staan') nou zo'n geweldig voorbeeld van waardig ouder worden? Is dat positief of verbindend? Weet je wat ik persoonlijk veel belangrijker vind dan waardig ouder worden? *Aardig* ouder worden. En liefst ook nog een beetje *vaardig* ouder worden.

Niets ten nadele van Liesbeth Woertman overigens; ze heeft een heel interessant boek geschreven waar ik nu toevallig deze passages uit haal, maar ik heb meer auteurs gelezen die stellen dat iets aan je gezicht doen niet feministisch is en een knieval naar de door de mannelijke blik gedomineerde wereld: het patriarchaat. De redenering erachter is dat zichtbaar ouder mogen worden niet alleen voor mannen maar ook voor vrouwen weggelegd zou moeten zijn. Wanneer je dat verdoezelt met botox, fillers of het verven van je grijze haar, draag je bij aan het idee dat het natuurlijke verouderingsproces iets is dat niet gezien mag worden. Die gedachtegang legt behoorlijk wat op het bord van vrouwen. Alweer. Want jonge meisjes (zelfs die op de lagere school) krijgen al te horen dat hun topjes en broekjes niet alleen de jongens afleiden, maar ook de volwassen leraren. Toen mijn dochter ging studeren in Amsterdam, hoorde ik mezelf zeggen: 'Kijk je wel uit wat je aantrekt naar dat festival? Want je moet 's avonds alleen op de fiets terug naar huis.' Sinds het rapport van de Commissie-Van Rijn, over de misstanden in de tv-wereld, weten we dat vrouwelijke sportverslaggeefsters vooral werden aangenomen op hun uiterlijk en *fuckability*, gezien door de ogen van de oudere mannen die bij *Studio Sport* werkten. Wanneer is het uiterlijk van een vrouw eindelijk geen collectief bezit meer, maar een individuele keuze – van haarzelf? Zelfs als je de vijftig ruim gepasseerd bent, zijn er weer regels.

Vroeger was het: 'Die slonzige feministen lopen allemaal met lang okselhaar, zonder bh en in een tuinbroek.' Nu is het: 'Ouder wordende vrouwen die te veel

‘Koop een rode jas om de huidige grauwe wereld mee op te vrolijken. Wees geen muurbloem maar een vrouw waar je niet omheen kunt.’

CISKA DRESSELHUYS,

feministe en publiciste

werk maken van hun uiterlijk verraden het feminisme door hun oren te laten hangen naar de cosmetische industrie en het schoonheidsideaal.' Zo schrijft Lisette Thooft in haar boek *De beste tijd van je leven. Spiritueel door de overgang* dat vrouwen 'weigeren' een wijze, oude vrouw te worden wanneer zij zich 'koppig blijven verschansen in hun zelfbeeld als seksueel aantrekkelijke vrouw'. Ja, stel je toch voor dat we ons nog illusies maken. Ook de Engelse columniste Caitlin Moran heeft het er moeilijk mee. Ik lees haar boeken graag omdat ze geestig en met zelfspot over haar (gezins)leven en allerlei maatschappelijke thema's schrijft. In haar laatste boek *More Than a Woman. Een ode aan de overvraagde veertig plus-vrouw* heeft Moran maar liefst acht pagina's nodig om zich (op een grappige manier, dat wel) te verantwoorden waarom zij, als bekende feministe, toch besloten heeft haar fronsrimpel en een paar andere rimpels te botoxen. Acht pagina's! Zo gevoelig ligt dat blijkbaar. Uiteindelijk komt ze tot de conclusie: 'Botox is de korte gezichtsvakantie van de werkende vrouw.'

Over hoeveel van die 'gezichtsvakanties' gaat het eigenlijk? In Nederland is er sprake van bijna 500.000 cosmetische behandelingen per jaar, waarbij botox en fillers veruit het meest populair zijn. Ergens tussen deze half miljoen behandelingen zitten ook mijn prikjes, maar daarover zo meteen meer. Bij bijna 15 procent van deze behandelingen gaat het om mannen. De heren zijn aan een cosmetische inhaalslag bezig: sinds het jaar 2000 is er een wereldwijde toename van 400 procent in het aantal mannen dat botoxinjecties neemt; een fenomeen dat de luchtige bijnaam *brotox* heeft gekregen – wederom een interessant voorbeeld van het gegeven dat dezelfde zaken bij mannen vaak minder zwaar worden aangevlogen. Botox is de merknaam voor botuline toxine, een natuurlijk eiwit dat de beweging van spieren tijdelijk vermindert of verlamt. Het wordt in de medische wereld al meer dan veertig jaar gebruikt bij neurologische aandoeningen zoals spierspasmen rond het oog. Eind jaren tachtig zag een vrouwelijke oogarts uit Vancouver dat het middel ook de kraaienpootjes van haar patiënten verminderde. Zij vertelde dit aan haar man, die toevallig dermatoloog was, en samen ontwikkelden ze een behandeling die wereldwijd aansloeg. Botox wordt overigens ook ingezet bij behandelingen tegen migraine, overmatig zweten en een overactieve blaas.

De geschiedenis van fillers gaat iets langer terug: al in 1890, niet lang na de uitvinding van de injectienaald, experimenteerden artsen met vet uit de bovenarm dat ze injecteerden in het gezicht van patiënten. Sindsdien zijn allerlei soorten 'vulmiddel' uitgeprobeerd, zoals paraffine (yup, kaarsvet), rundercollageen en siliconen. Sinds

2003 wordt hyaluronzuur gebruikt, een suikermolecuul dat vocht aantrekt en zorgt voor huidverbetering. Hoe ouder je wordt, hoe minder je van dit molecuul aanmaakt waardoor de hydratatie, de stevigheid en het volume van de huid wat minder worden. Een injectie met hyaluronzuur kan op een subtiele en veilige manier zorgen voor het herstel daarvan. Ik hoor je nu denken: veilig? Een *injectable* is toch nooit 100 procent veilig? Dat is waar. Daarom moet je je ook goed informeren en een huidspecialist kiezen met de juiste papieren. En eentje met een esthetiek die bij jou past. Er zijn cosmetisch artsen en dermatologen die van veel houden. Ik houd van weinig.

De meeste mensen die voor het eerst botox en fillers proberen, zijn begin veertig. Dat was ik ook. Ik stoorde me aan de diepe fronsrimpel tussen mijn ogen; het resultaat van jarenlang naar een beeldscherm turen. Ik was een beetje huiverig voor het effect want ik wilde er niet opeens heel anders uitzien, maar het resultaat was eigenlijk vooral rust in mijn gezicht. Sindsdien zet ik twee à drie keer per jaar een prikje in mijn frons, en links en rechts boven mijn wenkbrauwen voor een liftend effect van het ooglid. Aan mijn voorhoofd doe ik niks en aan de zijkant van mijn ogen laat ik maar een heel klein beetje aanbrengen omdat ik het zonde zou vinden als mijn lachrimpeltjes helemaal zouden verdwijnen.

De eerste vraag die ik meestal krijg, is: maar botox is toch gif? Ja, in principe wel, al is de gebruikte hoeveelheid erg klein in vergelijking met sociaal geaccepteerde gifstoffen als alcohol of nicotine. Maar het blijft een gifstof, waardoor veel mensen zeggen dat het gebruik van botox niet natuurlijk is. Daar zit wat in – al is er in onze moderne maatschappij wel meer niet natuurlijk. viagra bijvoorbeeld. Mannen boven de vijfenveertig zouden ook gewoon kunnen accepteren dat hun lul minder stijf wordt, of niet? De bedoeling (voor mij althans) is ook geenszins een onnatuurlijk strak gezicht dat niet meer kan bewegen, maar een opfrisser. Eén ding moet ik wel duidelijk zeggen: botox doet je niet jonger lijken. Het maakt je gezicht iets meer ontspannen. Voor mij heeft zeker meegespeeld dat ik in de media werk, maar de afgelopen jaren heb ik ook een heleboel andere redenen gehoord waarom mensen aan botox beginnen. Toen ik aan mijn cosmetisch arts vroeg wie er zoal bij haar in de praktijk komt, moest ze lachen en zei: 'Mensen denken graag dat het hier wemelt van de BN'ers, maar ik ontvang veel leraren die zonder boze frons voor de klas willen staan en mensen die in het bedrijfsleven presentaties moeten geven, maar bijvoorbeeld ook een buschauffeur die met een open blik haar reizigers wil ontvangen.'

Heel wat mensen die aankloppen bij een cosmetische praktijk zijn net weer single. Sommigen hebben maandenlang gehuild over hun scheiding, over de dood van een geliefde of het verlies van hun baan en willen een prikje zetten om het verdriet in hun gezicht te verzachten. Er zitten ook mensen tussen die net het hele traject van slapeloze nachten met kleine kinderen achter de rug hebben en graag een oppepper willen. Of mensen die vroegtijdig rimpels hebben gekregen omdat ze te veel in de zon hebben gelegen of lang hebben gerookt. Die leven nu misschien een gezonder leven en willen dat graag gereflecteerd zien in de spiegel. En een heleboel mensen vinden het ook gewoon... mooi. Feit is dat al deze mensen naar zichzelf willen kunnen kijken en denken: daar ben ik weer. Is dat onzekerheid? Weigeren een wijze Crone te worden? Of is het gewoon selfcare? De kracht van ouder worden is weten dat er geen 'juiste' manier is. Er is alleen jouw manier. Waar de ene vrouw stopt met werken omdat ze op haar kleinkinderen wil passen, gaat de ander juist voor de raad van commissarissen. Waar de ene vrouw zegt: ik heb het verdiend, ik ga mijn lijf accepteren zoals het is en heerlijk wijde jurken dragen, zegt de ander: ik ben het zat, ik ga er nu echt werk van maken om met een afgetraind lijf de derde fase in te gaan. De een zegt: mijn haar wordt dunner, ik knip het af. De ander zegt: ik hang er extensions in. Dit zijn persoonlijke keuzes die je kunt maken. Die je mag maken. Het een is niet waardiger dan het ander.

Ditzelfde geldt voor het gebruiken van fillers. De nieuwste generatie fillers kunnen op een subtiele manier volumeverlies opvullen, bijvoorbeeld in de traangootjes en de neus-lippen-plooi, of bij ingevallen wangen en een verslapte hals. Fillers kun je uiteraard zo gek maken als je zelf wilt, maar ik persoonlijk probeer het zo dun en spaarzaam mogelijk te gebruiken. Ook hier word je overigens niet jonger van. Veroudering gaat gewoon door (gelukkig maar, zou ik willen zeggen) maar door hyaluronzuur terug te brengen in de huid vertraag je dit proces een beetje en geef je je gezicht van binnenuit meer stevigheid.

De kracht van ouder worden is weten dat er geen 'juiste' manier is. Er is alleen jouw manier.

Naast fillers zijn er nog twee andere dingen die je huid aansporen zichzelf te regenereren: een behandeling met lasers of peelings. Ik heb nog nooit een peeling genomen maar in de afgelopen tien jaar heb ik wel twee keer een fractionele CO_2-laser op mijn gezicht gehad. Ik zal meteen maar even eerlijk zijn: de CO_2-laser is de meest pijnlijke en de meest werkzame cosmetische behandeling die ik ooit heb ondergaan. Ik heb waarschijnlijk niet de hoogste pijngrens van Nederland, maar zo'n laser voelt alsof er een aansteker tegen je huid wordt gehouden. En dat veertig minuten lang. De eerste keer zag ik dit totaal niet aankomen. Ik weet nog goed dat ik ooit in een zwangerschapsboek had gelezen dat 'het passeren van de baby door het geboortekanaal door sommige vrouwen als onprettig kan worden ervaren'. Toen ik eenmaal lag te bevallen, dacht ik: onprettig? Dat is niet het woord dat ik in gedachten heb! Ditzelfde gevoel had ik bij de CO_2-laser. Daarvan werd gezegd: 'Dit kan als pijnlijk worden ervaren.' Nee, niks 'kan'. Het ís pijnlijk. En na afloop kun je je een week niet vertonen want eerst ben je hartstikke rood en daarna zo bruin als een gegrilde kip. Maar dan! De huid die onder deze behandeling vandaan komt is blozend, gesterkt en verfrist. Een laser verkleint je poriën, verwijdert pigmentvlekken, vervaagt fijne lijntjes en stimuleert de productie van collageen en elastine. Het geeft werkelijk een prachtig resultaat. En zo kon het gebeuren dat ik (net zoals ik een tweede keer ben bevallen) vijf jaar later nog een CO_2-laserbehandeling heb ondergaan. Ik weet niet of ik het ooit nóg een keer ga doen want ik vind het behoorlijk stressvol. En je hebt nu ook mildere lasers waarmee je plaatselijk plekjes in je gezicht kunt aanpakken. Of niet. Want je kunt het natuurlijk ook allemaal niet doen. Niet iedereen heeft zin in al die gekkigheid.

Of je nu besluit om wel of niet iets aan je gezicht te doen: commentaar krijg je toch. Ga maar eens online kijken. Of het nu een politica is, een opiniemaakster of een presentatrice – zodra er iets van kritiek te uiten is, worden er meteen nare dingen gezegd over het uiterlijk. Doet een vrouw niets aan haar uiterlijk, is ze een lelijk oud wijf. Doet ze wel wat, is ze een wanhopig oud wijf. Maar hoe lelijk of wanhopig zijn we eigenlijk? Ik weet niet of je weleens naar een reünie van je middelbare school bent geweest, maar één ding springt daar in het oog: de vrouwen, goed verzorgd en mooi in de kleren, zijn over het algemeen beter geconserveerd dan de mannen. Hoe komen we eigenlijk aan het idee dat mannen mooier oud worden? Dat hebben de heren vast zelf bedacht.

Oudere mannen hebben sinds mensenheugenis de macht gehad en zichzelf daarbij tot zeer begerenswaardig uitgeroepen – al heeft ze dat niet tegengehouden om alsnog op zoek te gaan naar mogelijkheden zich te verjongen of verfraaien. We zullen nooit weten wie de eerste neanderthaler was die naar zijn reflectie in het water keek, en dacht: hm, dat kan beter – een leuk bot door mijn neus, misschien? Maar feit is dat de oude Egyptenaren al duizenden jaren vóór onze jaartelling schoonheidspapjes van krokodillenpoep op hun huid smeerden. Ze gebruikten oogpotloden met lood, kwik op hun gezicht en nijlpaardenvet op hun kale hoofden.

De eerste keizer van China, Qin Shi Huangdi, stierf door het innemen van kwik omdat hij dacht dat hij daarmee onsterfelijk zou worden. De Griekse historicus Herodotus schreef in 435 v.C. dat er in Ethiopië een fontein moest zijn die de eeuwige jeugd gaf aan iedereen die in het water baadde. Alexander de Grote, gestorven in 323 v.C., heeft grote delen van Afrika en Azië doorkruist op zoek naar die bron, net als vele heersers na hem. De Romeinen ontdekten dat gorgelen met urine de tanden bleekt. (Dat komt door de ammoniak die erin zit, maar ik vraag me toch af wie er ooit op het idee is gekomen.) In de pruikentijd poederde de Europese adel hun gezichten met lood en arsenicum. In de negentiende eeuw smeerden mannen hun kale hoofden in met gemalen Spaanse vlieg, een bijtende stof. In die tijd verkochten warenhuizen ook wafeltjes met arsenicum: als je die at, werd je huid mooi 'aristocratisch' wit. Arsenicum doodt namelijk je rode bloedcellen – en uiteindelijk ook jezelf. (Opeens is die CO_2-laser zo gek nog niet!)

Je zou een heel boek kunnen vullen met alle beautydwaasheden die de geschiedenis heeft voortgebracht, maar mijn punt is dit: het zijn echt niet alleen de vrouwen geweest die op zoek waren naar verjonging en verfraaiing. Toch is de zucht naar eeuwige jeugd vooral aan vrouwen blijven kleven. Dat Cleopatra in ezelinnenmelk baadde om jong te blijven heeft iedereen onthouden, maar wie weet nog dat Alexander de Grote de halve wereld over marcheerde om die fontein te vinden?

Het is allemaal niet zo vreemd wanneer je bedenkt dat uiterlijke schoonheid het enige was wat vrouwen honderden, zo niet duizenden jaren lang hebben mogen inbrengen. Maar die tijd is voorbij. Of niet? Je hoeft alleen maar naar de Nederlandse televisie te kijken om te zien dat ouder wordende vrouwen nog steeds anders worden behandeld dan ouder wordende mannen. Of is het toeval dat de gemiddelde leeftijd van vrouwelijke *Op1*-presentatoren eenenveertig jaar was, en die van hun mannelijke collega's zevenenvijftig? Of dat uit een onderzoek van het Commissariaat voor de Media in 2021 gebleken is dat vrouwelijke deskundigen op tv gemiddeld tussen de dertig en negenenveertig jaar waren, en mannelijke deskundigen vooral vijftigplus? Vrouwelijke deskundigen worden ook nog eens vaker in de rede gevallen, maar dat is misschien een andere discussie (of is het gewoon dezelfde?).

Iets meer dan de helft van de volwassen bevolking is boven de vijftig jaar, en vrouwen vormen hierin een (kleine) meerderheid. Maar waar zijn ze dan, de vrouwelijke zestigplussers in de media, behalve die ene Linda de Mol? Wat is toch het beeld dat wij van hen hebben dat ervoor zorgt dat we ze niet meer in beeld zien? Vergelijk dat eens met de tachtigers (!) Maarten van Rossem en Philip Freriks, van wie de producent van *De Slimste Mens* zei dat ze nog 'erg vitaal' waren en 'eigenlijk steeds beter werden'. Dat geloof ik graag, maar waarom zou dat niet voor vrouwen gelden?

In Hollywood is het niet veel beter. Volgens een onderzoek van het Amerikaanse Geena Davis Institute on Gender in Media (ja, dat is die Geena Davis van *Thelma and Louise*; zij heeft stevig doorgepakt met een eigen onderzoeksbureau dat ijvert voor gendergelijkheid in de media) is slechts een op de vier vijftigplus-karakters in films een vrouw, en dan meestal ook nog in een bijrol. Wat is er toch zo moeilijk aan oudere vrouwen? Waarom blijven mannelijke filmsterren, dik in de zeventig, gekoppeld worden aan actrices die soms minder dan de helft van hun leeftijd zijn? Als het echt niet meer gaat, komt er een dochter in beeld die gered moet worden. Of nog beter: een kleindochter. En als die niet beschikbaar is, gaat de held-op-leeftijd een jong meisje dat hij toevallig tegenkomt, redden van een drugskartel. Er zit zelden een vrouw van boven de vijftig in de problemen – die kunnen zichzelf blijkbaar prima redden.

De veelbekroonde Britse actrice Emma Thompson deed hier een geestige uitspraak over in de podcast *CultureBlast* van journaliste Farah Nayeri: 'Het is volkomen normaal voor George Clooney – die ik geweldig vind – om een tegenspeelster te hebben die veertig of dertig jaar jonger is dan hij. Als ík zo'n verschil met mijn romantische tegenspeler zou hebben, zouden ze hem uit een graf moeten opgraven, want ik ben eenenzestig. Snap je wat ik bedoel? De leeftijdcasting tussen mannen en vrouwen is volledig uit balans.' Niet dat Emma Thompson in een hoekje zit te kniezen: ze schrijft en produceert al jaren met veel succes haar eigen scripts en films. Net als de actrices Reese Witherspoon (47), Jennifer Aniston (55) en Nicole Kidman (56), die met hun productiemaatschappijen de ene na de andere bekroonde tv-serie afleveren. Allemaal vanuit de gedachte: als er geen interessante hoofdrollen voor vrouwen van onze leeftijd zijn, dan creëren we ze toch zelf? De kracht van ouder worden is dat je inmiddels hebt geleerd dat niemand je iets komt brengen; je moet het zelf gaan halen. En dat is helemaal oké. Filmstudio's, tv-zenders, podcastbedrijven, maandbladen, uitgeve-

De kracht van ouder worden is dat je inmiddels hebt geleerd dat niemand je iets komt brengen; je moet het zelf gaan halen. En dat is helemaal oké.

rijen en reclamemakers beginnen eindelijk door te krijgen dat vijftigplus-vrouwen een groot publiek vormen dat nog maar nauwelijks bediend wordt. Het is een heel gemêleerd publiek dat niet allemaal op dezelfde manier aangesproken wil worden, maar laten we in ieder geval stoppen met antieke dingen zeggen als dat je niet wijs of waarachtig kunt worden wanneer je je 'koppig blijft verschansen in je zelfbeeld als seksueel aantrekkelijke vrouw'. Wees alsjeblieft vooral jezelf, *you sexy beast*. Voel je goed in je lijf en laat je niks aanpraten.

Laatst had ik een etentje met vriendinnen, en terwijl we over al dit soort dingen aan het discussiëren waren, zei er een: 'Dit kan allemaal zo zijn, maar mannen hebben nu eenmaal een stevigere huid en verliezen veel minder van hun mannelijke hormonen. Dan is het toch niet zo raar dat zij langer aantrekkelijk blijven?' Kijk, er is niks mis met ouder wordende mannen. Ik vind Richard (geheel onbevooroordeeld uiteraard) een bijzonder charmante vijftigplusser en ik ben dankbaar dat wij allerlei leeftijdsfases met elkaar mogen meemaken. Waar het mij om gaat, is de ingebakken gedachte dat vrouwen verwelken en mannen opbloeien. Waar is dat op gebaseerd?

Als voorbeelden van mooi oud worden, worden steevast dezelfde namen genoemd: Brad Pitt (60) en George Clooney (62). Nu doet Clooney niet zoveel voor mij, maar Pitt is inderdaad een geval apart: van zijn twintigste tot zijn zestigste heeft hij ieder decennium laten zien een uitzonderlijk aantrekkelijke man te zijn. Maar hoeveel van die Brads zijn er? Heb jij er een in de straat wonen? Loopt er een exemplaar bij jou op kantoor? De gemiddelde man veroudert niet zoals Pitt of Clooney. Waarschijnlijk doen zij dat zélf niet eens. Of moeten wij geloven dat deze twee Hollywoodsterren niet een klein beetje hulp hebben gehad van een prik, een filler of een mini-lift? Wat overigens helemaal prima zou zijn. Maar ik vind het zo grappig dat het vaak niet eens in mensen opkomt dat ook ouder wordende mannen de natuur weleens een handje helpen. En soms op plekken waar je niet zo snel aan zou denken.

Heb je bijvoorbeeld weleens van de Amerikaanse chirurg dr. Edward Zimmerman gehoord? Hij is gespecialiseerd in de penis en geeft daar online informatie over als de Dick Doc from TikTok. Zimmerman vertelde in een post dat de penis bij het ouder worden volume verliest, en dat mannen wat omvang kunnen terugbrengen in de schacht en de krimpende eikel met injectables. Ik las het, en dacht: echt waar? Ouder wordende mannen kunnen hun slinkende penis laten opvullen? Ik wist niet dat het bestond. Wat fijn voor ze. Want ja, je zult er maar mee zitten.

Maar zouden deze mannen ook het verwijt krijgen dat ze zich 'verschansen'? Ik vermoed van niet. En terecht: mannen moeten kunnen verouderen zoals ze dat zelf willen. Maar ik vind dat dit ook voor vrouwen zou moeten gelden. Een man kan zich heel wat kwinkslagen over zijn uiterlijk veroorloven. Brotox heeft iets guitigs; het mist de zwaarte die er bij vrouwen aan gehangen wordt. Beetje ruimer in de romp? Dat is geen 'verlept lijf', zoals Hans Teeuwen over vrouwen zei, maar een *dad bod*. Kaal? Op hersens groeit geen haar. Grijs? Peper-en-zout geeft smaak. Kantoorbuik? Goed gereedschap hangt onder een afdak. Ik zou het vrouwen gunnen dat zij met net zoveel zelfvertrouwen over hun ouder wordende lichaam zouden kunnen (en mogen) praten. Al weet ik niet of je dit soort teksten een-op-een naar vrouwen kunt vertalen. 'Een goede poes woont in een dikke mand' klinkt... net even anders. Maar misschien moeten we dit soort dingen juist wel gaan zeggen, zodat we de terminologie over ons eigen lichaam terugpakken.

Een oudere tante van mij heeft vroeger eens gezegd: 'Ik word helemaal niet brozer, ik word knapperiger, zoals kroepoek.' Dat vond ik geestig. Ze zei ook altijd: 'Ik ben geen senior, ik ben een premior.' Wat zijn de woorden die jij graag gebruikt – of juist niet? Een vriendin van mij heeft een hekel aan de term 'rijpe vrouw'. Ik snap het wel, want er bestaat geen mannelijke evenknie van en het impliceert iets van een laatste kans; de volgende halte is immers 'overrijp'. Avocado's met het stickertje 'eetrijp' moet je meteen opeten, anders zijn ze over de datum. 'Ik ben niet rijp,' zegt mijn vriendin dan ook graag, 'ik ben mals.' Toen ik voor dit hoofdstuk van alles in kaart aan het brengen was, realiseerde ik me pas goed hoeveel lullige opmerkingen er zijn over het uiterlijk van ouder wordende vrouwen. Waar hebben we dat aan verdiend? De meesten van ons hebben een ondernemend leven en zijn helemaal niet met onze leeftijd bezig, maar er staat altijd wel iemand klaar om ons eraan te helpen herinneren.

In Engeland hebben ze een speciale uitdrukking

‘Laat niemand je vertellen
dat je over je hoogtepunt
heen bent.’

MICHELLE YEOH,
actrice

voor vrouwen van wie 'men' vindt dat ze zich te jeugdig kleden: *mutton dressed as lamb*, een schaap gekleed als lam. In Nederland zijn we geen haar beter, want hier gebruiken we nog steeds de belegen keukentegel: van achteren lyceum, van voren museum. Het wonderlijke is: het zijn vaak vrouwen die dit zeggen. Over andere vrouwen. Moeten we daar niet eens mee kappen? En trouwens: hoe zou je het dan willen hebben: van voren én van achteren museum?

Toen ik rond de veertig was, kon ik me er bijzonder aan storen dat er leeftijdsgrenzen aan kleding leken te zitten. 'Alleen in babykleertjes staat een leeftijdsaanduiding,' schreef ik destijds in een column, 'de rest is vrij toegankelijk voor iedereen.' Daar ben ik nog steeds van overtuigd. De kracht van ouder worden is dat niemand voor jou kan bepalen wat wel of niet te bloot, te kort of te jeugdig is. Ook Liesbeth Woertman niet, die in haar boek schrijft: 'Kom op, vrouwen van een jaar of veertig, probeer een draai te maken naar wat innerlijke rust en vertrouwen. Doe je uiterste best om je lichaam te bewonen in plaats van het tentoon te stellen. Dat zal je zeker helpen in deze levensfase.' Wauw. Laat ik nu juist van mening zijn dat vrouwen in deze levensfase (eindelijk!) het privilege hebben verworven om met hun lichaam precies te doen wat ze zelf willen. Overigens komen veel vijftigplussers vanzelf tot de conclusie dat bepaalde kledingstukken in de loop der tijd misschien wat minder goed bij hen zijn gaan passen. Daarvoor hoef je ze niet naar 'innerlijke rust' te *shamen*; het is een natuurlijk proces dat voor iedereen anders verloopt. Zelf begon ik bijvoorbeeld te merken dat ik steeds meer neig naar comfort. Ik wil nog steeds goed gekleed gaan, maar 'vorm boven functie' heeft voor mij zijn langste tijd gehad. Kleding die mooi staat maar niet lekker zit – daar heb ik geen geduld meer voor.

Neem hoge hakken. Ik vind ze elegant en ze kunnen een outfit prachtig completeren, maar ik kan er eigenlijk niet meer op lopen. De artrose die ik in mijn

De kracht van ouder worden is dat niemand voor jou kan bepalen wat wel of niet te bloot, te kort of te jeugdig is.

handen heb, heb ik ook in mijn voeten. De druk op mijn voorvoet en het snijden van de bandjes bezorgen me een pijn die ik er niet meer voor overheb. Laatst zag ik mijn dochter aan het eind van een gala-avond op haar blote voeten dansen, met haar hakken in de hand. Toen dacht ik: iedereen heeft hetzelfde. Hoge hakken doen gewoon pijn aan je voeten. Waarom blijven we die dingen dan toch dragen? Omdat we ze mooi vinden. Een hak brengt je kuit op spanning, verlengt optisch je been en geeft een bepaalde schwung aan je loop. Ik heb nog steeds hakken in mijn garderobe maar nu vooral *kitten heels*: heel lage modellen. Zelfs daar heb ik niet altijd zin meer in. Gelukkig leven we inmiddels in het glorieuze tijdperk van de fashion sneaker. Die kan tegenwoordig (mits niet vies of afgetrapt) overal onder, zelfs onder een avondjurk, dat staat nog cool ook. Op het Boekenbal zie ik ieder jaar een grappig fenomeen: de vrouwelijke schrijvers gaan in prachtige jurken met hoge hakken over de rode loper, om vervolgens bij de garderobe gympen uit een plastic tas te halen. Eén jaar heb ik dat toneelstukje overgeslagen en ben ik gelijk met mijn sneakers voor de fotografen gaan staan, maar toen kreeg ik van de modepolitie te horen dat ik de dresscode niet had begrepen.

Ergens in mijn overgangsjaren heb ik een weerstand tegen nauwsluitende kleding ontwikkeld: als ik alleen al dacht aan lange, strakke mouwen kreeg ik het Spaans benauwd. Lucht moest ik hebben en bewegingsvrijheid. Dat gevoel is grotendeels blijven hangen. Als het geen stretch heeft en de stof bijvoorbeeld kriebelt, draag ik het liever niet. Ik ben ook geen fan van linnen. Linnen kreukt, en dat doet mijn gezicht al. 'Maar die kreukels horen bij die stof,' wordt er dan in de winkel gezegd. Ik weet niet welke briljante marketeer dát heeft verzonnen, maar ergens gekreukt aankomen vind ik geen hit. Daarom snap ik heel goed dat travelstof zo'n succes is: je kunt het oppoppen in je koffer of er uren mee in de file staan en nog is er geen vouw in te bekennen. Het leuke van ouder worden vind ik dat je alle ‘nieuwe’ modetrends al drie keer voorbij hebt zien komen – hé, daar heb je de schoudervullingen weer – waardoor je zo langzamerhand wel weet aan welke trends je mee wilt doen en welke je overslaat. Wat voor mij een blijvertje is gebleken, is de hoge bandplooibroek met wijde, zwierige pijpen. En ik vind het fijn wanneer iets een set is: een mooie broek met een bijpassend getailleerd jasje bijvoorbeeld. (Dat scheelt me alweer een potje nadenken want sinds de menopauze ben ik ook behoorlijk besluiteloos geworden.)

De afgelopen jaren is je lichaam waarschijnlijk een beetje van vorm veranderd en dat is niet altijd even leuk, maar het biedt wel kansen: nu kan je garderobe leuk met je mee veranderen. Hoe zou je eruit willen zien? Wat heb je altijd al eens willen proberen? Je kunt je look helemaal opnieuw definiëren – hoe geweldig is dat? Instagram staat vol met vijftigplus-mode-accounts die een heel inspirerende manier van kleden laten zien. Hoe je voor de dag wilt komen is uiteraard helemaal je eigen keuze, maar één ding wil ik je wel meegeven: je hoeft echt niet weg te vallen tegen de achtergrond. Liever niet zelfs. Durf aanwezig te zijn in vorm en kleur. Draag paars met groen, zwart met blauw, rood met oranje – combinaties waarvan ze vroeger zeiden dat ze vloekten maar die juist blijken te sprankelen. Waar ook een heleboel winst te behalen valt, is bij je bril – als je die hebt natuurlijk. Een goed gekozen montuur kan veel voor je doen. Zeker nu je gezichtsvorm wat aan het veranderen is, je huidtoon wat valer kan zijn en je ogen wat dieper in hun kassen komen te liggen, is het een goed idee om eens langs de opticien te gaan en te bekijken of je huidige bril nog steeds het meest flatteus is bij je gezicht. Heeft hij nog de juiste kleur, de goede vorm? Een langwerpige of hoekige bril geeft je een geheel andere uitstraling dan een ronde of ovalen bril, en de kleur van het montuur kan daar nog een extra facet aan toevoegen.

Wat ik zelf fijn vind, is om een montuur te kiezen in de kleur van mijn haar, dus beige-blond, zodat mijn leesbril organisch overloopt in de rest. Sommige vrouwen staat het goed om met een prominent zwart of rood montuur een modieus statement te maken, maar ik ben niet een van die vrouwen. Ik denk dat een gekleurde bril vanwege het contrast heel fraai kan staan bij grijs haar, maar daar heb ik nog niet zoveel van. Tot nu toe heb ik pas één klein grijs plukje in mijn haargrens; mijn moeder is ook laat grijs geworden. Als ik denk aan grijs haar moet ik meteen een beetje zuchten want je haar blijven verven of het 'natuurlijk' grijs laten worden, is het zoveelste strijdpunt uit de 'waardig oud worden'-discussie. Mensen (m/v/x) van alle leeftijden verven hun haar om de doodeenvoudige reden dat ze graag een ander kleurtje willen. Ik ben van nature donkerblond maar de afgelopen decennia ben ik ook rood geweest, bruin en platina. Nooit heeft iemand mij gevraagd waarom ik mijn blonde haar niet accepteerde. Maar zodra je grijs wordt en je je haar blijft verven, duikt wel de vraag op waarom je het ouder worden niet accepteert. Wat is dat toch voor rare reflex? Waarom mag je je hele leven gewoon lekker je haar verven maar moet je, zodra je boven de vijftig komt, letterlijk en figuurlijk kleur bekennen? De gedachte hierachter is dat vrouwen met grijs haar door de maatschappij als oud en onzichtbaar worden weggezet. Door angstvallig je haar te blijven verven, blijf jij dat idee voeden. Ja, jij.

Laat ik dit vooropstellen: grijs haar kan ongelooflijk mooi zijn. Krachtig, fris, zelfs (durf ik het te zeggen?) een tikje sexy. Maar ook dit is jouw eigen keuze. Wil je grijs haar? Dan neem je grijs haar. Heb je liever een roze kuif? Ook prima. De gedachte dat grijs haar je oud en onzichtbaar maakt, lijkt mij trouwens behoorlijk achterhaald. Het wemelt online van de *grey hair influencers*: vijftig-, zestig- en zeventigplus-modellen met een schitterende kop zilverwit haar. Een van de meest succesvolle vrouwen in dit segment is Petra van Bremen, een vierenzestigjarig Nederlands model. Toen zij zesenvijftig was en de overstap maakte naar een geheel grijze look, deed dat wonderen voor haar carrière. Ze kreeg een contract bij het legendarische modellenbureau Iconic Focus in New York en boekt nog steeds over de hele wereld klussen met haar bijzondere verschijning. Ik heb nu nog geen idee of ik in de toekomst helemaal grijs zou willen gaan, maar er zijn zoveel geweldige voorbeelden dat het me ook bepaald niet afschrikt. Het enige wat ik hier wel nog even wil zeggen, is dat grijs haar geenszins 'natuurlijk' is in de zin dat je er nooit meer iets aan hoeft te doen. Verre van dat. In het fijne boek *De tijd van je leven. Energiek en stijlvol na je 50e* dat Petra van Bremen samen met *Margriet*-hoofdredacteur Helene van Santen schreef, beschrijft ze vier pagina's lang wat ze allemaal moet doen om haar prachtige zilverwitte haar in een goede conditie te houden. Zo ver hoeven jij en ik niet te gaan, maar feit is dat het niet helemaal vanzelf gaat.

Je bent niet in één keer mooi grijs; het uitgroeiproces kan wel tot twee jaar duren. Het esthetische witte grijs komt ook niet meteen tevoorschijn; je gaat niet zelden door een fase van grauwgrijs die je kunt opvangen met highlights en kleurspoelingen. Heb je eenmaal dat zilverwitte haar, dan zul je al snel merken dat het een andere structuur heeft dan je vorige haar: het glanst minder, het is droger, stugger en heeft een sterke eigen wil. Naast een lichte glansspray is het verstandig zilvershampoo en -conditioner te gaan gebruiken omdat grijs haar van nature neigt naar een gele gloed. Gebruik het niet te vaak, want de kleurpigmenten in zilvershampoo kunnen je haar paarsblauw (of zelfs groen) doen uitslaan. Zilverwit haar houdt niet van de zon, dat maakt het grauw of geel, en ook niet van chloor. Petra van Bremen adviseert dan ook om op vakantie een uv-spray te gebruiken, een zonnehoed te dragen of je haar in een sjaal te knopen. Tot zover het 'natuurlijke' grijs. Je hoeft het inderdaad niet meer te verven, maar geheel onderhoudsvrij is het dus niet. Er zijn echter ook genoeg vrouwen die zeggen: hier ga ik allemaal niet aan meedoen. Of het nu grauw of blauw wordt, ik gun mijn grijze haar zijn eigen weerbarstigheid. Ik ga gewoon laten gebeuren wat er gebeurt. En dat kan. Op alle fronten. Want hoe je ook ouder wilt worden, één ding moet je niet vergeten: je ziet er niet goed uit vóór je leeftijd maar dóór je leeftijd. Je weet wie je bent, je weet wat je wilt en je vertrouwt op je eigen keuzes.

VAARDIG OUDER WORDEN

Toen mijn moeder vijfenzeventig werd en ik haar vroeg wat ze voor haar verjaardag wilde hebben, antwoordde ze: 'Een scooter.' Sorry – wat? Mijn moeder fietste toen al niet meer omdat ze een beetje last had van haar evenwicht en het verkeer soms wat overweldigend vond. Dus ik vroeg: 'Bedoel je misschien een scootmobiel?' 'Nee,' zei ze, 'ik bedoel een scooter. Daar droom ik al van sinds ik de film *Roman Holiday* heb gezien, met daarin Audrey Hepburn die op een Vespa door Rome reed.' Ik zei: 'Mam, die film is uit 1953. Droom jij al zó lang over een scooter?' 'Ja,' antwoordde ze, 'maar het is er nooit van gekomen. Eerst was er geen geld en daarna wachtte ik op het goede moment. En nu denk ik: misschien is het eindelijk tijd voor mijn Vespa.' Ik was er even stil van. 'Ik wil niet de plezierpolitie zijn,' zei ik ten slotte, 'maar ik denk niet dat jij nu nog de meest geschikte kandidaat bent voor een scooter. Ook met je staar, en zo. Maar mam, waarom hoor ik dit voor het eerst? Waarom heb je tot je vijfenzeventigste gewacht om te zeggen dat je al je hele leven van een Vespa droomt?' Ze zei dat ze haar wens al die jaren in stilte voor zich uit had geschoven omdat er altijd wel iets was wat voorrang had; iets wat eerst betaald moest worden voordat haar 'extravagante' droom in beeld kon komen. Tenminste, zo had zij dat ervaren. Mijn broer en ik hebben nooit iets van die scooter geweten, anders hadden wij haar daar allang eens mee kunnen verrassen.

De kracht van ouder worden is weten dat je nú voor je dromen mag kiezen.

Uiteindelijk gaf ik mijn moeder een magnetron. Een speciale magnetron die ik uit Italië moest laten komen, met een simpele draaiknop in plaats van een tiptoetsenscherm – erg fijn voor oudere mensen met stijve vingers. Ze was er blij mee, maar het is natuurlijk geen scooter. Het beeld van mijn moeder die als Audrey Hepburn door Rome had willen rijden, bleef nog lang door mijn hoofd spoken. Want wat is dat precies: het goede moment? En hoelang wil je daarop wachten? De kracht van ouder worden is weten dat je nú voor je dromen mag kiezen. Wacht niet tot je vijfenzeventig bent om te doen wat je graag wilt, met het risico dat het dan misschien te laat is. Dit klinkt logisch, maar toch zie ik dat veel vrouwen het moeilijk vinden zichzelf die toestemming te geven. Als je niet gewend bent dat jouw wensen er ook mogen zijn, kan het egoïstisch voelen om jezelf ineens op één te zetten. Vrouwen doen nog steeds veel meer onbetaald (huishoudelijk) werk dan mannen en nemen ook het leeuwendeel van de zorg voor kinderen en familieleden voor hun rekening. Maar een sterke vrouw is meer dan het ideaalbeeld van iemand die lijdzaam alleen maar tijd en energie aan anderen geeft. Een sterke vrouw weet dat ook zij mag kiezen en genieten, beslissen en bepalen. Wil je Spaans leren, het noorderlicht zien, een eigen bedrijf beginnen, Pompeï bezoeken, een schildercursus volgen, psychologie studeren of trainen voor een marathon? Ga plannen maken en kijk wat mogelijk is.

Vergeet daarbij vooral niet je dromen naar anderen uit te spreken: het zal je verbazen hoeveel mensen uit je eigen netwerk je willen helpen. Zelf merkte ik dat toen ik een paar jaar geleden met mijn podcast *Daphne op Donderdag* begon. Om me heen zag ik de ene na de andere podcast ontstaan; ik luisterde er graag naar en dacht geregeld: wat een toegankelijk medium is dit, zou het niet ook wat voor mij zijn? Het leek me inspirerend om gesprekken te voeren met vrouwen die ik bewonder om hun daadkracht, maar het kritische duiveltje dat al mijn hele leven op mijn schouder zit, dacht daar anders over: haal je niks in je hoofd, Daphne. Iedereen heeft tegenwoordig een podcast, wat moet jij daar nog aan toevoegen? Je bent helemaal niet technisch. Hoezo denk je dat jij dit kan? Waarom zou iemand naar jou luisteren? Ik weet niet hoe ik aan dit stemmetje ben gekomen, maar ik vermoed dat ik niet de enige ben met zo'n innerlijke boe-roeper. Er is een oude fabel over dit fenomeen die vertelt dat er in het lichaam van ieder mens twee wolven huizen: een grijze wolf en een zwarte wolf. De grijze wolf fluistert in je oor: 'Je kunt het', maar de zwarte wolf zegt: 'Je kunt het niet.' De twee dieren strijden om je aandacht en zijn voortdurend met elkaar in gevecht. Wie dit gaat winnen? Het antwoord is even eenvoudig als wijs: de wolf die jij het meest te eten geeft. Ik las deze fabel, en dacht: ik doe het. Ik ga proberen om alleen nog maar de positiviteit in mijn leven te voeden. Ik begin gewoon een podcast, ook al weet ik nog niet precies hoe dat moet.

Ik had het nog niet uitgesproken, of ik kreeg hulp. Een vriend van mij bood aan om uit te zoeken welke apparatuur ik nodig had. Ik deed mijn eigen redactie en productie, en vond iemand bereid de interviews te monteren. Het was een steile leercurve, maar het heeft me ongelooflijk veel energie gegeven om iets nieuws te doen en een andere kant van mezelf te ontwikkelen. Ik was ook iedere keer blij verrast wanneer mensen ja zeiden op mijn uitnodiging om geïnterviewd te worden, tot prinses Laurentien aan toe. Ze hadden ook kunnen denken: wie is die beunhaas met die hobbypodcast in haar schrijfhuisje in Muiderberg? In alle eerlijkheid: sommige mensen dachten dat ook. Eén management dat ik benaderde zei bijvoorbeeld dat ik 'niet in de mediastrategie paste', wat een nette variant is van: 'Wat denk je wel niet?' En dat is helemaal oké. Ik ben inmiddels oud genoeg om te weten dat ik me moet focussen op de dingen die wél lukken in plaats van me blind te staren op de dingen die niet lukken. Want die waren er uiteraard ook. Zo had mijn stem in het eerste seizoen minder volume dan die van mijn gesprekspartners, maar ik dacht een tikje vals bescheiden: ach ja, ik heb nu eenmaal een zachte stem. Eh, nee: ik bleek mijn microfoon verkeerd om te hebben gemonteerd. Inmiddels ben ik een paar seizoenen verder en heb ik een publiek van ruim 250.000 luisteraars weten op te bouwen met *Daphne op Donderdag*. Ik verdien er geen cent aan, maar dat is het doel ook niet. Het maken van deze podcast heeft mijn leven op een heel andere manier verrijkt.

Mijn vader heeft mij vroeger eens uitgelegd waarom de tijd sneller lijkt te gaan als je ouder wordt. Wanneer je jong bent, is alles nieuw: je brein is zo overweldigd door alle nieuwe indrukken en ervaringen dat het de kleinste details opslaat, bijhoudt en in kaart brengt. Geen wonder dat die zomervakantie met je eerste liefde eeuwig leek te duren. Maar hoe ouder je wordt, hoe meer je weet en gaat herkennen. Je relatie gaat goed, je baan kabbelt voort, je kinderen staan op de rit – en voor je het weet is het weer december. Wanneer je de tijd wilt vertragen en tot op hoge leeftijd mentaal scherp wilt blijven, moet je je brein zo veel mogelijk nieuwe uitdagingen bieden. De fase waarin de spannende ervaringen als vanzelf naar je toe kwamen (eerste baan, eerste huis, eerste kind) ligt inmiddels achter je. Maar je kunt nog een heleboel andere eerste keren voor jezelf creëren door nieuwe dingen te proberen. Blijf openstaan voor verandering, wees nieuwsgierig, daag jezelf uit en doe mee. Een van mijn grootste struikelblokken is het leren omgaan met nieuwe technologie. Ik vind het bijvoorbeeld echt een opgave om te moeten wennen aan een nieuwe telefoon, of zelfs aan iets simpels als Instagram Reels. Waarom werden we een paar jaar geleden min of meer gedwongen om TikTok-achtige filmpjes te gaan maken? Ik wist niet hoe dat moest en had ook geen zin om het te leren. Waarop mijn dochter zei: 'Niet mutsen, mam, gewoon in duiken en doen.' Dat heb ik gedaan, morrend en wel, en *guess what*: ik blijk het best leuk te vinden.

Ik kan niet genoeg benadrukken hoe belangrijk het is dat je je blijft ontwikkelen. Het hebben van interesses maakt je niet alleen interessanter, het houdt je ook langer vitaal. Dit is geen mening maar een wetenschappelijk bewezen feit. Kijk bijvoorbeeld naar de mensen in de Blue

Zones. Je hebt vast weleens van de Blue Zones gehoord: dat zijn plekken op de wereld waar opvallend veel honderdplussers wonen die niet alleen een lang, maar ook een gezond en gelukkig leven leiden. Wat is hun geheim? Hoewel de regio's onderling behoorlijk verschillen, hebben onderzoekers toch een flink aantal overeenkomsten kunnen ontdekken. Het zal niemand verbazen dat meer plantaardig voedsel en minder alcohol tot de ingrediënten van een lang leven behoren, net als stoppen met eten voor je vol zit en op een natuurlijke manier bewegen. Maar op die ingrediëntenlijst staan ook het hebben van een doel in je leven, spiritualiteit en een actief sociaal netwerk. Laten we deze drie eens wat nader bekijken. In Japan hebben ze een prachtig woord voor het hebben van een doel in je leven: *ikigai*. Het is waar je 's ochtends voor opstaat, wat je vreugde geeft, je hartsverlangen. Het kan groot of klein zijn, een mens of een ding zijn, maar het belangrijkste is dat het jou gelukkig maakt. En dat het je lekker bezighoudt, want je ikigai leidt tot meer zelfredzaamheid en een positiever zelfbeeld.

Het is natuurlijk niet zo dat wanneer je alles 'goed' doet en ook nog Spaans leert, je vanzelf honderd wordt. Niemand weet hoe oud je gaat worden. Maar wat je wel weet, is hóé je oud gaat worden – want daar ben je zelf bij. Mijn vriendin Nicole en ik hebben laatst een workshop gevolgd over het maken van een *vision board*. We gingen er een beetje lacherig heen omdat het ons

‘Ik mag van mezelf eindelijk
de excentrieke vrouw zijn die
ik altijd geweest ben.’

MARIAN MUDDER,

actrice, coach en therapeut

niet al te ingewikkeld leek om plaatjes te scheuren en teksten te plakken, maar ik zal je zeggen dat ik het een bijzondere ervaring vond. Het bord dat je creëert is namelijk heel verhelderend. Ik heb het een prominente plek gegeven in mijn werkkamer, waar het me iedere dag herinnert aan mijn toekomstdromen. En aan de stappen die ik moet zetten om ze te verwezenlijken, want je moet natuurlijk wel wat doen. Gelukkig zijn we inmiddels op een leeftijd dat we erg goed zijn in dingen doen. Wist je bijvoorbeeld dat vijftigplussers die een eigen bedrijf beginnen, daarin twee tot drie keer zo succesvol zijn als dertigers? Mensen vinden dit vaak een verrassende statistiek maar eigenlijk is het alleen maar logisch. Wanneer je eenmaal de vijftig bent gepasseerd, weet je veel beter wie je bent, wat je wilt en wat je drijft. Je bezit meer levenskennis, emotioneel evenwicht en sociale besluitvaardigheid. En, heel pragmatisch: je hebt niet meer eindeloos de tijd om ergens een succes van te maken, dus je wilt graag doorpakken.

Uit cijfers van het Sociaal en Cultureel Planbureau blijkt dat 77 procent van de werkgevers vindt dat hun oudere werknemers (vijfenvijftig- tot vijfenzestigjarigen) het net zo goed doen als de jongere werknemers. Waarom ook niet? Het hangt natuurlijk een beetje van het soort werk af maar als het op kennis en kunde aankomt, zijn oudere werknemers in de kracht van hun leven. In het boek *Hoe ouder, hoe beter* schrijft neurowetenschapper Daniel Levitin dat uit onderzoek is gebleken dat vijftigplussers niet alleen positiever zijn, maar ook meer empathie en compassie hebben. Ze kunnen beter omgaan met onzekerheid en beter relativeren. Ook hebben ze meer zelfinzicht en vermogen tot reflectie en zijn ze bereidwilliger om anderen te helpen. Het enige wat iets minder wordt, is de snelheid van de informatieverwerking. Maar door de opgebouwde kennis en het betere gebruik van beide hersenhelften zou het ook zomaar kunnen dat je iets langer nadenkt om zo tot een verstandiger oordeel te komen. Dit zijn veel positieve punten, maar toch merken met name vijfenveertigplus-vrouwen die een baan zoeken dat sommige bedrijven bang zijn dat zij minder flexibel of inzetbaar zullen zijn door overgangsklachten of mantelzorg. Hoe geweldig zou het zijn wanneer werkgevers erkennen dat de overgang en de zorg voor ouders uitdagingen zijn waarmee vrouwen in deze leeftijdsfase te maken kunnen krijgen en daarvoor collectieve steun (in de vorm van verlof bijvoorbeeld) organiseren? In plaats van gezondheidsklachten of stress vanwege een te volle zorgagenda af te doen als individuele problemen? En daarbij: je mag dan in de overgang zijn, op geestelijke vruchtbaarheid zit geen vervaldatum.

Maar waarom zou je wachten totdat de samenleving begrijpt dat oudere vrouwen nog heel wat te bieden hebben? Bied het zelf. Je hebt van niemand goedkeuring nodig om 'nog' een bikini te dragen, om 'weer' te trouwen, of om nieuwe wegen in te slaan. Die vrijheid zit in jou, niet in anderen. Een tijdje geleden zat ik bij de talkshow *Renze* om te praten over vijfentwintig jaar *Big Brother* omdat ik de allereerste editie van dit programma heb gepresenteerd. Patty Brard (64) heeft ook een aantal seizoenen gedaan, dus zij was er ook bij. Terwijl we backstage stonden te wachten, zei een van de andere gasten: 'Jeetje, is het alweer vijfentwintig jaar geleden? Wat worden we oud!' Waarop Patty zei: 'Daar zit ik nou helemaal niet mee. Weet je waarom niet? We zijn er nog. En we doen nog steeds

De kracht van ouder worden is beseffen dat het 'land van je jeugd' niet meer bestaat.

mee.' Toen ik later op de avond naar huis reed, dacht ik: neurowetenschappers kunnen hele boeken vol schrijven met de laatste inzichten over ouder worden, maar wat een hoop waarheid zit er in deze ene zin: 'We zijn er nog en we doen nog steeds mee.' Je kunt van Patty vinden wat je wilt, maar zij is de koningin van de wederopstanding: ze ging van beroemde zangeres naar failliete ondernemer en van realityster met klysma's tot presentatrice met een dramaserie over haar eigen leven. Waarom zouden we zo niet allemaal een beetje kunnen zijn? Daarvoor moet je wel bezig blijven. Hoe meer je onderneemt, hoe fitter je blijft, zowel mentaal als fysiek.

En vergeet vooral niet mee te veranderen. De kracht van ouder worden is beseffen dat het 'land van je jeugd' niet meer bestaat. Wanneer je blijft vasthouden aan wie je was, geef je jezelf te weinig ruimte om te zijn wie je nu bent of te ontdekken wie je nog wilt worden. Dat je boven de vijftig, zestig of zelfs zeventig jaar niks nieuws meer kunt leren, is absoluut onjuist. Maar daar moet je wel in geloven. Zoals ik eerder zei is uit wetenschappelijk onderzoek naar voren gekomen dat hoe jij denkt over ouder worden een grote impact heeft op hoe je je voelt. We zijn er altijd van uitgegaan (ik eigenlijk ook) dat je geheugencapaciteit bij het ouder worden minder wordt. Maar weet je wat het interessante is? Ouder wordende mensen die dit geloven, presteren slechter op cognitieve testen dan mensen die deze negatieve stereotypering naast zich neerleggen. Hoe positiever je over ouder worden denkt, hoe gezonder en energieker je je blijkt te voelen.

Hoogleraar klinische neuropsychologie Eric Scherder pleit in zijn boek *Oud worden, jong blijven* dan ook voor publiekscampagnes die laten zien dat al die mythes over ouder worden helemaal niet kloppen. Hij schrijft dat een sterk positief zelfbeeld kan bijdragen aan een langere levensduur. Maar hoe kom je aan zo'n positief zelfbeeld in een samenleving die de laatste memo's over ouder worden duidelijk nog niet heeft gehad? Kies je eigen pad. Vind je ikigai.

Onlangs werd ik gevraagd om een musical te schrijven. Daar was ik best verbaasd over want ik heb zoiets nog nooit gedaan. Ik heb romans, kinderboeken en non-fictie gepubliceerd, toneelstukken vertaald en comedyscenario's geschreven – maar een musical? 'Daarom moet je het juist doen,' zei mijn manager Sandra. 'Een nieuwe manier van storytelling, wie weet wat je daar allemaal van leert. En trouwens, Daphne: mannen zijn nóóit verbaasd wanneer ze ergens voor worden gevraagd.' En zo is het. Ik vind het nog steeds behoorlijk spannend, om dezelfde redenen waarom ik het maken van een podcast in het begin spannend vond. Maar ik doe het toch, want het stimuleert me om mijn hersenen op een andere manier aan het werk te zetten. Daar blijken meer mensen van mijn leeftijd zin in te hebben, want volgens het Centraal Bureau voor de Statistiek (CBS) duiken steeds meer vijftigplussers met hun neus in de studieboeken. Deze oudere studenten zoeken verdieping of verandering, willen zich omscholen of hun cv opwaarderen, staan open voor een carrièreswitch of zoeken een nieuwe intellectuele uitdaging. Het is heel goed mogelijk om op latere leeftijd nog een diploma te halen. Het is niet alleen fijn en verrijkend om jezelf te blijven ontwikkelen, het kan ook je baankansen vergroten.

De arbeidsmarkt is veranderd sinds jij als jongere een studierichting of beroep koos, maar zelf ben je waarschijnlijk ook veranderd. Decennia geleden besloot ik communicatie te gaan studeren, maar als ik opnieuw mocht kiezen, zou ik liever naar de kleinkunstacademie zijn gegaan. Dat wilde ik toen eigenlijk ook al, maar er was niemand in mijn familie van bèta's die ook maar iets met podiumkunsten op had. De enige met 'acteerervaring' was mijn opa Sjef, die vroeger bij het dorpstoneel één keer: 'Hè, ja, ananas!' had mogen zeggen. Er is dan ook behoorlijk op me ingepraat om een 'gewone' studie te kiezen maar nu ik erop terugkijk, heb ik eigenlijk alleen maar jobs gehad die beter bij een opleiding aan de kleinkunstacademie hadden gepast.

Het is nooit te laat om jouw richting op te gaan. Het leven is een snelstromende rivier maar je hoeft je niet willoos te laten meevoeren: je kunt je peddel in het water steken en bijsturen. Ook nu je ouder wordt. Dit is het moment voor ons vijftigers om de vraag te stellen: wat ga ik de komende twintig jaar doen? Zit ik nog in het vak dat ik leuk vind? Waar droomde ik vroeger van en wat heeft juist nu mijn interesse? Feit is: we moeten allemaal steeds langer doorwerken tot ons pensioen, dus je hebt nog meer dan genoeg tijd om een geheel nieuw avontuur aan te gaan. Misschien is jouw definitie van succes wel veranderd en wil je na een carrière bij een commercieel bedrijf nu liever je talenten aanwenden in een baan die meer van maatschappelijke betekenis is, zoals bij een goededoelenorganisatie, in het onderwijs of de zorg.

Of misschien heb je inmiddels zoveel kennis en kunde verzameld (en de positieve statistieken gelezen) dat je het aandurft om voor jezelf te beginnen. Daarin ben je dan zeker niet de enige. De Leyden Academy, een kennisinstituut gericht op vitaliteit en veroudering, heeft al enige tijd veel succes met Start-Up Plus: een gratis cursus voor vijftigplussers die een eigen bedrijf willen beginnen. Iedere editie loopt het storm: de *olderpreneurs*, zoals ze worden genoemd, staan te trappelen om aan de slag te gaan.

Het mooie van social media is dat je tegenwoordig veel makkelijker een business kunt beginnen en je leeftijdsgenoten op een rechtstreekse manier kunt aanspreken. Vaak weet je ook precies waar deze groep op aanslaat: zo hebben twee veertigplussers het populaire VroegZat in de markt gezet: feesten die om middernacht eindigen, voor iedereen die nog graag op stap gaat maar niet zo laat in bed wil liggen. Een ander voorbeeld is dat van cabaretier Kasper van Kooten. Hij werd als vijftiger opnieuw single en besloot zijn even hilarische als teleurstellende ervaringen als herintreder op de datingmarkt te delen via een column en de podcast *Kasper Spreekt Af*. Inmiddels is hij niet alleen gelukkig in de liefde, maar ook de ondernemende organisator van een datingevent: het Swipefestival. Het verhaal van Kasper vind ik een schoolvoorbeeld van jezelf bij kop en kont pakken, de verandering aangaan en in het hele proces van 'zelfverbetering' ook nog eens andere mensen weten te enthousiasmeren.

De kracht van ouder worden is weten dat je nooit 'af' bent: er is nog zoveel wat je kunt leren, niet in de laatste plaats over jezelf. Dit bewustwordingsproces begint voor veel vrouwen in de overgang maar het zal uiteindelijk bij nagenoeg iedereen die ouder wordt plaatsvinden: de overtuiging dat je niet meer van buiten naar

De kracht van ouder worden is weten dat je nooit 'af' bent

binnen wilt leven, maar veel meer van binnen naar buiten. Heel wat mensen hebben het pad bewandeld dat zij geacht werden te lopen; gedreven door de mening van anderen en door sociale of culturele druk. Maar hoe ouder je wordt, hoe meer je op zoek gaat naar verdieping. Je richt je blik naar binnen, naar je innerlijke wereld, waar belangrijke vragen op je liggen te wachten: wat wil jij nog voor de wereld betekenen, waar krijg jij energie van, hoe wil je liefhebben, met wie wil je je verbinden? Maar ook: welke pijn uit het verleden is nog niet geheeld, waar loop je steeds weer tegenaan, wat zul je eerst moeten aangaan voordat je kunt doorgaan?

Vorig jaar had ik actrice en therapeut Marian Mudder in mijn podcast te gast, en zij zei: 'Alles wat je van buiten bereikt, kan niet helen hoe je je vanbinnen voelt.' Daar was ik enorm door getroffen want het is zo waar. Zodra je begrijpt dat de buitenwereld jouw diepste behoeften niet kan vervullen, begint de reis naar binnen. Alleen jij kunt die maken, door je met name te gaan richten op hoe je je zou willen voelen in plaats van wat je zou willen hebben.

Als me één ding is opgevallen, is het dit: vrouwen van onze leeftijd voelen heel veel. Ze staan ook enorm welwillend tegenover het geestelijke leerproces dat gepaard gaat met innerlijke groei. En laat dat nou net het volgende Blue Zone-ingrediënt zijn van vaardig ouder worden: spiritualiteit. Sommige mensen hebben religie als bron van kracht, en vinden daarin de antwoorden op al hun vragen. Maar in ontkerkelijkt Nederland gaan de meeste mensen zelf op zoek naar bewustwording, inzicht en een bezield leven, en niemand doet dat met zoveel enthousiasme als de vijftigplus-vrouw. Ik heb eens een lijstje gemaakt van activiteiten die we zoal ondernemen. Huizenhoog bovenaan staat het doen van een familieopstelling: dat is een methode om onbewuste patronen en blokkades in je familiesysteem bloot te leggen, en de keten van problemen die soms al generaties lang wordt doorgegeven te doorbreken. Ik heb zelf (nog) nooit aan zo'n opstelling meegedaan, maar veel vriendinnen van mij wel en zij vonden het ongelooflijk louterend. En dat vind ik dan weer ongelooflijk fascinerend. Hoe is het mogelijk dat je met een groep mensen die je niet kent je eigen familiedynamiek kunt uitbeelden op een manier die jou energetisch bevrijd van oude trauma's? Critici zeggen dat het allemaal niet echt werkt en dat het vooral suggestie is, maar daar denken mijn vriendinnen (en met hen heel veel tevreden 'gebruikers') duidelijk anders over. Ik zou familieopstellingen dan ook willen scharen in de categorie: 'Vraag niet hoe het kan maar profiteer ervan.'

Verder op het lijstje staan onder meer een pelgrimstocht naar Santiago de Compostella, een therapeutisch verdiepingsjaar, tarot, holisme, sjamanisme, zweethut-ceremonies, soundhealing, stembevrijding, hartcoherentie, lichaamswerk, zielenleer, De Fontein, krachtdieren, helende kristallen, affirmaties, acupunctuur, ayurveda, tantra, yoga, zijnsoriëntatie, homeopathie, astrologie, meditatie, manifestatie, reiki en tai chi. Ik zal voorzichtig zeggen dat ik met het een iets meer heb dan met het ander. Meditatie doet voor mij wonderen, en via YouTube heb ik een beginnerscursus tai chi gevolgd zodat ik in mijn schrijfpauzes niet als een zombie op mijn telefoon ga scrollen maar een serie bewegingen kan uitvoeren die me juist energie geven. Ook hartcoherentie (via de buik leren ademen) kan heilzaam zijn omdat veel mensen van nature te oppervlakkig ademen. De diepe ademhaling brengt je meer rust en ook dichter bij je gevoel. Dat geldt ook voor stembevrijding, waarbij je leert dat ook jouw stem gehoord mag worden. Daar zit veel zingen bij: een van de makkelijkste manieren om jezelf te overspoelen met het gelukshormoon endorfine. Zingen doet me denken aan de schoolkampen van vroeger, waar we iedere avond met z'n allen rond het kampvuur liedjes zongen. Dat gevoel was magisch. Samen zingen opent je hart en creëert verbinding. Ik heb het laatst nog ervaren, tijdens Vrienden van Am-

De kracht van ouder worden is juist dat je durft te varen op het kompas van je eigen-wijsheid.

stel Live, toen heel Ahoy als één stem 'Toen ik je zag' van Antonie Kamerling meezong met Guus Meeuwis. Kippenvel! Er zijn steeds meer clubs, kleine theaters en zelfs restaurants die meezing-avonden aanbieden en ik kan je aanraden je gêne te laten varen en heerlijk in groepsverband te gaan zingen.

Over soundhealing ben ik ook enthousiast, al weet ik niet precies wat ik daarmee aan het healen ben. Ik ben gewoon dol op het geluid van klankschalen: zodra die om mij heen beginnen te vibreren, kukel ik meteen in slaap. Misschien is dat spiritueel gezien niet helemaal de juiste route, maar rustgevend is het wel. Waar ik persoonlijk niet zoveel mee heb, zijn de medicijnweekenden die de laatste jaren steeds populairder zijn geworden. Dit zijn dagen van trance-dance, beweging en massage, waarbij je in de diepere lagen van je bewustzijn komt met behulp van onder andere psychedelische paddenstoelen, het snuiven van rapé (zeer hoog geconcentreerde nicotine), trips met DMT en 'hartmedicijn': een theeachtig drankje met MDMA. Zou je echt in een diepere laag van je bewustzijn komen wanneer je een giftige stof inneemt die je doet hallucineren? Misschien ben ik daarvoor nog niet genoeg ontwaakt. Ik kan uiteraard niet voor een ander bepalen waarin iemand wel of geen verdieping vindt. De kracht van ouder worden is juist dat je durft te varen op het kompas van je eigen-wijsheid. Maar ik zal eerlijk zeggen dat ik zelf een beetje sceptisch ben over het schermen met 'eeuwenoude' rituelen die niet zelden van de Amazone-indianen zijn geleend.

Een vriendin van mij die veel inzicht en steun uit deze medicijnweekenden haalt, vindt het jammer dat ik niet genoeg opensta voor het diepe weten dat via zo'n hartmedicijn tot mij zou kunnen komen. 'Ze noemen zulke stoffen niet voor niets geestverruimend,' zei ze. Dat is waar. Maar ze noemen ze ook bewustzijnsvernauwend. Daar komt nog bij dat ik van substanties als rapé en DMT het gevoel heb dat het artificiële lapmiddelen zijn die mij van buiten worden aangereikt om me vanbinnen te helen.

Moet het weten uit een trip komen, of uit mezelf? Het doet me denken aan een uitspraak van psychiater Elisabeth Kübler-Ross: 'Je hoeft niet naar India te gaan om innerlijke vrede te vinden. Je kunt die plek van diepe stilte in je kamer vinden, of in je tuin, of zelfs in je badkuip.' Daar ben ik het mee eens. Het is misschien een stuk minder exotisch dan de sjamanistische geheimen van de Amazone, maar hoe ouder ik word, hoe dieper de connectie wordt die ik voel met mijn tuin. Hij is letterlijk met me meegegroeid: zo hebben de boompjes die we voor de geboortes van onze kinderen hebben geplant al behoorlijk stevige stammen gekregen. Dat ontroert me. Ik vind het ook rustgevend om gewoon een beetje in de aarde te wroeten, hier en daar wat te snoeien en te kijken wat er opkomt. Ik heb bij lange na niet de groene vingers van mijn vader maar ik begrijp inmiddels wel wat hij bedoelde toen hij tuinieren zijn 'buitentherapie' noemde. Het verstrijken van de seizoenen heeft ook iets onverwoestbaar optimistisch: hoe streng de winter ook is geweest, uiteindelijk komen er altijd weer knoppen aan de bomen. En kijk, daar zijn de roodborstjes weer, die tikken zo schattig tegen het raam. 'Welnee,' zei mijn moeder, 'roodborstjes zijn gewoon territoriale vogeltjes die in gevecht zijn met hun eigen spiegelbeeld.' Ach ja, zijn we dat niet allemaal?

Het zal je niet verbazen dat veel van de Blue Zones rijkelijk bedeeld zijn met natuur. In een groene omgeving voelen mensen zich vrij, energiek en gelukkig. De natuur brengt rust in een onrustige wereld: groene bladeren maken je kalm, en bonte kleuren geven je een goed humeur. Wanneer je bent omringd door bomen, daalt niet alleen je bloeddruk maar ook de aanmaak van stresshormonen. Je immuunsysteem wordt gestimuleerd, je voelt je beter in balans en je energie neemt toe.

Waarom wij zo opleven van een natuurlijke omgeving heeft waarschijnlijk met onze verre voorouders te maken. Een bosrijk landschap gaf de oermens niet alleen veiligheid en beschutting, maar stond ook garant voor de aanwezigheid van dieren en eetbare planten en fruit. Het gevoel dat de natuur heilzaam is, zit nog altijd in ons DNA verankerd. Wie te veel tijd in een drukke stad of betonnen kantooromgeving doorbrengt, krijgt een opgejaagd gevoel. De homo sapiens heeft 300.000 jaar in de natuur geleefd; het grootstedelijke bestaan is pas iets heel recents. Uit onderzoek is dan ook gebleken dat inwoners van grote steden meer last hebben van een overprikkeld brein dan mensen die landelijker wonen. Dit verschijnsel heet urbane stress, en wordt veroorzaakt door geluidsoverlast, verkeersdrukte en mensenmassa's. In de stad mis je 'de grond onder je voeten' en dat gevoel wordt alleen maar sterker naarmate je ouder wordt.

Dat heb ik vorig jaar gemerkt toen ik op vakantie ging naar New York. Richard moest voor vergaderingen op de US Open zijn, en ik dacht: ik ga gezellig mee. Binnen één dag was me echter duidelijk dat je een bezoek aan New York eigenlijk geen vakantie kunt noemen. Het is kosmopolitisch, uitdagend en stimulerend – maar je komt er niet uitgerust vandaan. Tenminste, ik niet. Ik heb in mijn modellentijd een aantal jaren in New York gewoond en destijds was de stad ook druk en energiek, maar ik vond het nu echt veranderd. Of was ik zelf veranderd? Toen ik er op Instagram iets over schreef, reageerde iemand: 'Je wordt gewoon oud.' Ja, dat is waar – gelukkig. En hoe ouder ik word, hoe minder zin ik heb in lawaai. De straten in Manhattan zijn van slechte kwaliteit dus al die grote, Amerikaanse vrachtwagens bonken en stuiteren over de weg. Dat geeft een oorverdovende herrie. Het verkeer staat overal vast en iedereen toetert. In elke straat wordt volop gebouwd, geboord en gegraven, om van de gillende sirenes van politiewagens en ambulances nog maar te zwijgen. Zeker, ik heb van New York genoten: de restaurants, de musea, de Broadway-shows. Maar toen ik weer thuis was en met een boterham met kaas naar de vogeltjes in mijn tuin zat te luisteren en daar heel gelukkig van werd, dacht ik: het is nu echt officieel. Ik ben van middelbare leeftijd. *And I love it.*

Mijn vrienden ervaren het net zo. Je gaat rust waarderen. Stilte. Weidse natuur zonder horizonvervuiling.

Steeds meer mensen die ik ken, gaan in de zomervakantie naar de Oostenrijkse of Zwitserse bergen. Daar is het veel minder warm dan in Zuid-Europa; je hebt er frisse berglucht en het is er heerlijk panoramisch en sereen. Ik hoorde mezelf laatst zeggen: 'Een wandelvakantie in Scandinavië, dat lijkt me wel wat.' Mistige fjorden, uitgestrekte leegte... Ik voel de rust al in mijn lijf als ik eraan denk.

In het blad *Happinez* las ik een reportage over bomenexpert Jeroen Heindijk, die wandelingen door Engelse bossen organiseert om mensen in contact te brengen met de kracht van bomen. In het interview zei hij: 'Ik noem een boom ook wel onze navelstreng met de aarde. Bomen geven je rust, geborgenheid en helderheid.' Vroeger had ik misschien gedacht: vaag verhaal, Jeroen. Maar nu klinkt het me heel logisch in de oren. Toen ik jong was, was de natuur iets waar ik doorheen reed om ergens anders te komen. Nu ik ouder ben, is de natuur iets waar ik naartoe rijd om tot mezelf te komen. Het is de perfecte plek om te aarden en je gestreste hersenen weer in een rustige flow te krijgen: wanneer de wind door je haren waait, wordt je hoofd als vanzelf schoongeveegd.

Voor wat natuur hoef je overigens niet naar het buitenland: ook in Nederland hebben we meer dan genoeg bossen, duinen, polders, heidegrond en heuvelland. Deze natuurlijke variëteit is erg stimulerend voor het ouder wordende brein. Onze zintuigen worden met de jaren iets minder opmerkzaam, maar gelukkig zijn er in de natuur genoeg positieve prikkels te vinden die je geest levendig houden. Neem onze kustlijn: daar is zoveel te zien en te horen dat je vooral geen oortjes in moet doen wanneer je er gaat wandelen. Het ruisen van de golven, het kabbelen van de vloedlijn, het verre zicht, de vliedende wolken: al deze dingen verhogen de goede stofjes in je lijf.

Datzelfde geldt voor een bosrijke omgeving. Zodra ik met mijn hond Rafa in het bos ben aangekomen, denk ik nergens meer aan. Mijn volle agenda, een na-

De kracht van ouder worden is dat je het bijzondere gaat zien in het gewone.

derende deadline – het verdwijnt allemaal naar de achtergrond. Ik hoor alleen nog maar het zachte geroffel van een specht en zie hoe het zonlicht wordt gefilterd door de bladeren. Ik ruik de geur van naaldbomen en het aardse aroma van natte grond. In het bos wil ik niets liever dan diep inademen – het is hartcoherentie maar dan zonder de cursus. Hier, tussen de planten en de bomen, wordt onze zuurstof gemaakt. Geen wonder dat veel buiten zijn ons fit en scherp houdt. Je hippocampus, het deel van je hersenen dat het meest betrokken is bij geheugenvorming, groeit er zelfs van: goed

‘Ik denk dat je je begint te
realiseren dat je niet meer
oneindig de tijd hebt om alles
te bereiken wat je wilde
bereiken in deze wereld.
Je zorgen maken over de
mening van andere mensen
is zonde van je kostbare tijd.’

REESE WHITERSPOON,

actrice en producent

nieuws voor iedereen die – net als ik – zijn leesbril weleens heeft teruggevonden in de koelkast.

Ik kwam laatst een instapost tegen waarin het verschil werd uitgelegd tussen triggers en glimmers. We weten allemaal wat een trigger is: een prikkel of een situatie die een emotionele reactie oproept bij iemand die een negatieve ervaring heeft gehad. Het tegenovergestelde daarvan wordt een glimmer genoemd: kleine momenten in het dagelijks leven die positieve gevoelens oproepen, zoals een schattig dier, een mooie sterrennacht of de geur van versgebakken brood. Ik had nog nooit van het woord 'glimmer' in deze betekenis gehoord. Hoewel het uiteraard belangrijk is dat er aandacht is voor triggers, zou het ook goed zijn om mensen te stimuleren oog te hebben voor alle kleine dingen die ons blij maken: het is bevorderlijk voor onze mentale gezondheid. De kracht van ouder worden is dat je het bijzondere gaat zien in het gewone.

In mijn boek *Uitwaaien* staat een passage over de winter: 'Ik houd van de geur van houtkachels in de koude avondlucht, van fietsen met een stormwind in mijn rug, van het kijken naar vogeltjes die blij zijn met een voederbol. Hoe mooi is een spinnenweb met kristallen draden, hoe lieflijk de dwarrel van dikke sneeuwvlokken? Ik verheug me op mijn warme flanellen lakens, een koffie verkeerd met een dikke laag schuim, het knappen en sissen van de open haard.' Nu ik er een woord voor heb, kan ik zeggen: dit zijn allemaal glimmers. Het is de waardering voor het eenvoudige, het geluk van minder, waar je met de jaren steeds gevoeliger voor wordt.

Hoewel ik in dit boek zo veel mogelijk positieve effecten van het ouder worden bij elkaar heb proberen te brengen, is het natuurlijk niet alleen maar leuk. Zo stond ik laatst in de keuken toen een van mijn favoriete liedjes uit mijn middelbareschooltijd op de radio kwam: 'Relight My Fire' van Dan Hartman. (Ik weet trouwens niet zo goed wat ik ervan moet vinden dat alle hits uit mijn jeugd inmiddels bij *Het Foute Uur* zijn beland.) Dit hád een glimmer kunnen zijn, ware het niet dat ik een spontaan dansje deed en het meteen in mijn rug schoot. Best ager klinkt leuk, maar soms word ik met mijn neus op de feiten gedrukt: mijn lichaam is geen fan meer van onverwachte bewegingen. In dit soort situaties is het belangrijk dat je om jezelf kunt lachen. Het hele, ietwat rommelige traject van ouder worden vraagt sowieso om de nodige humor: vrolijkheid, optimisme en grappen maken zijn tenslotte ook vormen van levenskunst. En daarbij: zelfspot houdt je jong. Ja, mijn neus wordt roder, mijn tanden worden geler en onder mijn ogen wordt het blauw, maar zolang ik om mezelf kan lachen, is er niet zoveel aan hand.

Na een onderzoek van dertig jaar heeft de Mayo

Clinic, een Amerikaans medisch centrum, geconcludeerd dat mensen met een vrolijke, optimistische aard tot 7,5 jaar langer leven dan mensen die pessimistischer zijn. Het deed me denken aan de tweeënnegentigjarige Anton Philips die ik laatst bij *Op1* zag zitten. Hij was op zesentachtigjarige leeftijd nog met zijn vrouw in relatietherapie gegaan (hoe optimistisch is dat?) en daar zo van onder de indruk geraakt dat hij een opleiding is gaan volgen en nu zelf al enige jaren werkzaam is als relatiecoach.

Psycholoog Martin Seligman is de grondlegger van de positieve psychologie: een stroming die uitgaat van de sterke kanten van de mens, door niet alleen te focussen op iemands klacht maar juist ook op zijn kracht: op welke momenten gaat het wel goed, en hoe kun je ervoor zorgen dat er meer van die momenten zijn? Positieve psychologie gaat uit van optimisme en hoop, van zelfrespect en vertrouwen in eigen kunnen. Er is ook aandacht voor veerkracht en flow, dankbaarheid en geluk. Hoewel deze stroming bedoeld is om cliënten van alle leeftijden te helpen, denk ik dat het ook toepasbaar is op ouder worden. Ik kan me blindstaren op het feit dat mijn gewrichten vaak pijn doen van de artrose, of dankbaar zijn voor wat mijn lichaam allemaal wel kan.

Als er één spier is die je bij het ouder worden zou moeten trainen, is het die van de mentale veerkracht. Wanneer je het vermogen hebt om bij tegenslagen niet ontmoedigd te raken maar juist nieuwe mogelijkheden te zien, zul je de komende twintig, dertig jaar heel anders ervaren. Het leven heeft nu eenmaal pieken en dalen, net als een cardiogram – het is een teken dat je leeft. En weet je wat me opgevallen is? Dat veel van die 'dalen' (met uitzondering van echt grote trauma's natuurlijk) na verloop van tijd grappig worden. Sociale blunders, gênante date-ervaringen, flaters op je werk: behoorlijk wat van deze gebeurtenissen ontpoppen zich uiteindelijk tot geestige anekdotes.

Zo heb ik een verhaal over een Amerikaans model met wie ik, toen ik nog in Milaan woonde, een prille

De kracht van ouder worden is weten: het komt hoe dan ook goed met mij.

relatie had. O, wat was ik verliefd op hem. Hij ging in Londen werken en vroeg of ik een paar dagen langs wilde komen. Maar natuurlijk. Hij was me van het vliegveld komen halen en de hele weg naar het centrum hadden we innig verstrengeld in de metro gestaan. We waren nog maar nauwelijks in zijn appartement aangekomen, of er werd aangebeld. Hij keek uit het raam, sloeg bleek uit, en zei: 'Pak je spullen, mijn Zweedse verloofde staat voor de deur!' Wie? Ik had nooit iets over een verloofde gehoord. Hij duwde mij met koffer en al de brandtrap op, gooide mijn jas achter me aan en sloeg de deur dicht. Ik heb hem nooit meer gesproken. Niet eens omdat ik dat niet wilde – hij nam gewoon de telefoon niet meer op. Ik heb er veel liefdesverdriet van gehad, en ook mijn zelfvertrouwen had een deuk opgelopen: welke signalen had ik in godsnaam gemist? Het voelde destijds als een heel groot drama, maar al die jaren later vind ik het vooral een grappig verhaal. Ik zie me daar nog op die brandtrap staan, totaal verbouwereerd.

Als dit me nu zou overkomen, zou ik me nooit naar buiten laten kegelen. Ik zou lekker op die bank blijven zitten om te kijken hoe deze Zweedse thriller zich verder zou ontwikkelen. Maar de Daphne van nu is niet de Daphne van toen. Ik ben sterker en wijzer juist omdat me dit (en nog veel meer) is overkomen. Er werd letterlijk een deur voor mijn neus dichtgeslagen maar nu ik erop terugkijk, zie ik dat er daardoor ergens anders een raam openging. De kracht van ouder worden is weten: het komt hoe dan ook goed met mij. Verdriet, onzekerheid, teleurstelling: je hebt het allemaal al eens voor je kiezen gekregen, maar je weet inmiddels dat je sterk en veerkrachtig bent, en dat je er weer bovenop komt.

With a little help from my friends, zongen The Beatles, en ze hadden gelijk: je vrienden spelen in dit proces een belangrijke rol. Dat brengt ons bij het laatste kenmerk dat de honderdjarigen uit de Blue Zones met elkaar gemeen hebben: een actief sociaal leven. Een van de grootste indicatoren voor gelukkig ouder worden, is namelijk het aantal positieve connecties dat je hebt. Waardevolle vriendschappen blijken net zo essentieel voor je gezondheid te zijn als de juiste voeding en beweging: een knuffel sterkt je immuunsysteem, een arm om je schouder maakt je rustig en een avondje samen lachen is als smeerolie voor je brein. De meeste mensen ervaren dit ook zo. Volgens een onderzoek naar geluk van de Universiteit Gent uit 2019 bestaat de top-3 van dingen die mensen belangrijk vinden voor een gelukkig leven uit vriendschappen, gezondheid en financiën – in die volgorde. Toch komt zo'n gevuld sociaal leven ons niet zomaar aanwaaien, zeker niet nu we ouder worden. Neem alleen al het feit dat je kinderen het huis uit gaan. Daarmee verlies je niet alleen een heleboel interactie met jonge mensen (wat stimulerend blijkt te zijn voor het ouder wordende brein, al dacht ik daar op zaterdagnacht vaak anders over) maar ook het speelse gemak waarmee je bevriend raakte met andere ouders.

Ondertussen denderen de jaren door: je verandert van baan, dat leuke stel bij jou in de straat gaat verhuizen, je moet meer tijd gaan besteden aan mantelzorg of krijgt zelf last van je gezondheid. Wanneer je 's avonds moe op de bank ploft na een lange dag van werk en andere verplichtingen, is er ook nog de lokroep van 'sociale' media. Deze hebben niets met een sociaal leven te maken: het verdienmodel van deze apps is dat jij aan het scherm gekluisterd blijft; niet dat je buiten de deur iets gezelligs gaat doen. Er is niet zo gek veel voor nodig om je vriendenkring met de jaren onbedoeld te zien uitdunnen – maar dát gaan we dus niet laten gebeuren. Er zullen altijd een paar vriendschappen verwateren: misschien ben jij veranderd, misschien zijn zij veranderd. Soms zul je gekwetst zijn, in andere gevallen juist opgelucht – niet iedereen is bedoeld om de hele *journey of life* met jou te doorlopen. Maar de vrienden die je hebt, moet je koesteren. Ik heb laatst een geweldige avond gehad met twee vriendinnen, waarbij ik kramp in mijn kaken kreeg van het lachen. Onderweg naar huis voelde ik me zo licht, energiek en gelukkig dat ik dacht: ik wou dat ik dit gevoel in een potje kon doen. Wat een levenselixer zou dat zijn. Maar het hoeft helemaal niet in een potje, het ligt al voor het grijpen. De aangetoonde connecties tussen een actief sociaal leven en gezond ouder worden zijn overweldigend: de positieve invloed van je vrienden en de emotionele support die je elkaar over en weer geeft, leiden tot een beter immuunsysteem, meer cognitieve scherpte en een langzamere krimp van de hersenen.

Hoewel het wellicht iets makkelijker is om nieuwe vrienden te maken wanneer je jong bent, is het op latere leeftijd zeker niet onmogelijk. Eén ding is echter wel duidelijk: je kunt niet op de bank blijven zitten. Ga op dansles, volg een kookcursus of sluit je aan bij een boekenclub. Doe mee met een theatergroep, ga zwemmen in natuurwater of meld je aan bij de HOVO. Dit Hoger Onderwijs Voor Ouderen bestaat uit dertig universiteiten en hbo-instellingen die 'onderwijs op maat' voor vijftigplussers aanbieden. Ze geven cursussen op academisch niveau over allerlei onderwerpen, van filosofie tot celbiologie. Zonder tentamens, dus zonder diploma. De colleges zijn vooral leuk om je brein mee uit te dagen, maar hebben ook een sociaal aspect: ze brengen je in contact met leeftijdsgenoten met dezelfde interesses.

En wat dacht je van vrijwilligerswerk? Overal staan ze te springen om mensen. Mijn vriendin Mary was halverwege de vijftig toen ze naar Deventer verhuisde. Omdat ze daar niemand kende, is ze bij een cultureel centrum gaan informeren of ze misschien een vrijwilliger konden gebruiken. 'Kun je 'n beetje fotograferen?' vroegen ze. 'We zoeken nog iemand om de optredens vast te leggen voor onze socials.' Mary heeft als credo dat je als vijftigplusser niet te veel moet denken maar vooral moet doen, dus ze heeft ja gezegd en de tijd van haar leven gehad. 'Ik heb alle bands van Nederland voorbij zien komen,' zei ze, 'en ik stond ieder weekend met mijn camera vooraan! In het begin kende ik niet veel van die bandjes, maar daardoor was het extra verrassend om mee te maken. En van zo'n zaal vol enthousiaste jongeren krijg je ook veel energie.'

Vrijwilligerswerk kent vele vormen, maar één ding heeft het met elkaar gemeen: het verlegt je focus naar iets wat groter is dan jijzelf. Wanneer je geld doneert aan een goed doel kun je je nog weleens afvragen waar het nu precies heen gaat. Maar wanneer je vrijwilligerswerk doet, zie je meteen resultaat: je helpt mensen, rechtstreeks. Hoe fijn is het dat eenzame senioren extra aanspraak hebben gekregen, een buurtbarbecue van de grond is gekomen of dat er voortaan voorleesmiddagen worden georganiseerd in de plaatselijke bieb – mede dankzij jou? Niemand kan alles doen, maar iedereen kan iets doen. Dat je daarbij je sociale netwerk vergroot en zo je gezondheid stimuleert, is alleen maar bonus.

Zelf ben ik op dit moment ambassadeur van Hart voor Vrouwen, een stichting die is opgericht door Angela Maas (68), de 'cardiofeministe' over wie ik het eerder had. De laatste jaren begint het (eindelijk) tot mensen door te dringen dat vrouwen medisch gezien geen kleine mannen zijn. Behalve dat hart- en vaatziekten zich vaak anders uiten bij vrouwen en ook anders behandeld moeten worden, zijn er nog meer ziekten die een vrouwspecifieke benadering erg goed zouden kunnen gebruiken. De stichting Hart voor Vrouwen vraagt hier aandacht voor en haalt geld op voor meer medisch onderzoek, zodat ook vrouwen de best mogelijke behandeling kunnen krijgen. Angela Maas is inmiddels met pensioen, maar haar bevlogenheid voor dit onderwerp houdt haar betrokken, levendig en onvermoeibaar sociaal geëngageerd. Ik vind het ongelooflijk inspirerend om haar aan het werk te zien.

Datzelfde gevoel krijg ik bij Hedy d'Ancona (86). Een tijdje geleden was ik uitgenodigd bij de opening van *De Nieuwe Vrouw* in het Singer Museum in Laren. Deze expositie ging over het veranderende vrouwbeeld in de kunst, en Hedy opende de tentoonstelling met een korte toespraak. En wát voor een toespraak. Ik zat met open mond in mijn stoel. Vlot gekleed en op hippe sneakers besteeg ze het podium, waar ze uit het blote hoofd een vlammend betoog afstak over de actuele stand van de vrouwenrechten en de blijvende noodzaak van het feminisme. De oudere dame naast me zei bewonderend: 'Hedy is altijd zo elektriserend!' Dat woord kende ik nog niet, maar ik hoop dat iemand mij nog zo wil noemen als ik bijna negentig ben. Dit is ikigai, innerlijke veerkracht en een actief sociaal leven in één.

Nadat de tentoonstelling was geopend, werd Hedy geïnterviewd naast een groot naaktportret van haarzelf, dat in 1997 is geschilderd door de kunstenaar Aat Velthoen. Ze had hem leren kennen toen zij negenvijftig was en hij eenenzestig. Een van de eerste dingen die hij tegen haar zei, was dat hij haar wilde schilderen. En zo geschiedde, waarna ze nog meer dan twintig jaar gelukkig met elkaar zijn geweest totdat Aat in 2018 kwam te overlijden. Hoe romantisch is zo'n liefde op latere leeftijd? Ik zou in films en tv-series graag meer van dit soort voorbeelden zien, want een gepassioneerde relatie is heus niet alleen voorbehouden aan de jeugd. Er rust nog steeds een lacherig taboe op de seksualiteit van oudere vrouwen, en benamingen als 'ouwe schaamspleet' (zie: Youp) maken het er niet beter op.

Ik vind het echt tof dat Hedy zich op negenenvijftigjarige leeftijd naakt heeft laten schilderen, met een vanzelfsprekendheid die zegt: dit ben ik. Terwijl ze naast haar portret het interview stond te doen, dacht ik: ze zal het ongetwijfeld allemaal nog precies weten, die dag in het atelier, bijna dertig jaar geleden. Waar ze zat, hoe ze zich voelde, hoe de vonk tussen haar en Aat Velthoen oversprong. Ook al word je ouder, je jongere versies zullen je nooit verlaten; ze verhuizen gewoon met je mee. De vijftienjarige Daphne, de vijfentwintigjarige Daphne – ze zitten allemaal nog ergens in mij, en hebben met hun ervaringen bijgedragen aan wie ik nu ben.

Schrijver Harry Mulisch heeft ooit het begrip 'je absolute leeftijd' gelanceerd: een innerlijke leeftijd die nooit verandert maar die wordt bepaald door je emoties en je karakter. Mulisch zelf meende dat hij eeuwig zeventien jaar was gebleven. Voor zo'n gewichtige schrijver lijkt me dat een tikje puberaal, maar zelf vond hij dit een leeftijd 'waarop je denkt dat je alles kunt'. Op zich vind ik het wel een leuk gedachte-experiment: op welke leeftijd ben je blijven steken? Wanneer had je het

‘Ik zit nu in een periode dat ik me een beetje stout voel. Hernieuwd puber zijn, heerlijk!’

ADELHEID ROOSEN,
theatermaker

gevoel dat je karakter was gevormd? Ik had het er met mijn vriendin Nicole over, en samen kwamen we uit op ongeveer vijfendertig jaar. We waren toen meerdere keren moeder geworden, hadden een gezin aan de praat gekregen, banen neergezet – ja, op ons vijfendertigste vonden we onszelf eigenlijk wel rond. Maar ook weer niet. Want ook na die leeftijd hebben we nog zoveel over onszelf moeten leren.

Neem alleen al die hele menopauze – wat voor natuurlijke zweethutceremonie was dat? Ik ben daar echt als een ander mens uit gekomen. Hoe langer ik erover nadenk, hoe raarder ik het vind om eeuwig zeventien jaar te willen zijn. Of zevenentwintig, of zevenendertig. Beweging is leven, stilstaand water wordt brak. Met alle fases die je hebt doorgemaakt, heb je het fundament gelegd voor de persoon die je nu bent. En het leuke is: je vrienden waren erbij. Mijn vriendin Veronique ken ik al vanaf de kleuterschool. Ik heb vriendinnen uit de polder, van de middelbare school en uit mijn studententijd. Ik ben nog bevriend met een aantal mensen uit de modewereld, oud-collega's van *RTL Boulevard*, ouders van het schoolplein, leuke vrouwen in de uitgeverswereld. Je vriendinnen zijn het mozaïek van je leven. Ik heb mijn vijftigste verjaardag groot gevierd en het jaar erna dacht ik: mwah, eenenvijftig, da's niet echt een feestje waard. Maar toen kwamen de coronajaren, en daarna lag ik ook nog eens met een blindedarmontsteking in het ziekenhuis, en opeens realiseerde ik me dat ik al een aantal jaren mijn verjaardag niet echt had gevierd. Dus op mijn vijfenvijftigste heb ik een discobus gehuurd en ben ik met al mijn vriendinnen een workshop *action painting* gaan doen – wat een mooie omschrijving is voor 'met verf gooien en zooi maken'. We hebben samen gegeten, gelachen en onderweg karaoke gezongen. Maar het meest bijzondere voor mij was om iedereen bij elkaar te zien, als een soort dwarsdoorsnede van mijn leven.

De kracht van ouder worden is weten dat er een verschil is tussen duur en waardevol. Je vrienden en

De kracht van ouder worden is weten dat er een verschil is tussen duur en waardevol.

alle gezamenlijke ervaringen die zij vertegenwoordigen – die zijn waardevol. We hebben gedanst op elkaars bruiloften en elkaar ondersteund op begrafenissen. We hebben diploma's gehaald en baby's gebaard, ruzies gemaakt en het weer uitgepraat. We hebben vakanties gevierd en relaties gekregen, de ware gevonden en in scheiding gelegen. Inmiddels realiseer ik me dat ook je eenenvijftigste verjaardag een feestje waard is, en je zevenveertigste en je drieënzestigste; je hebt echt geen bijzonder jaartal nodig om iets leuks te organiseren. Laten we vooral genieten!

Mijn oma Jeanne had vroeger op haar boerderij in Zuid-Limburg een *gooj* kamer: de 'nette kamer' waar alle mooie spulletjes stonden en meneer pastoor ontvangen werd. Als kind keek ik daar mijn ogen uit: er stond een fluwelen bankstel waar nooit iemand op zat, er lag een prachtig tafelkleed van kantklos dat vlekkeloos moest blijven en er stond een pronkkast met het *gooj* servies, waaronder sierlijke kopjes van dun porselein met bloemen en tropische vogels. Ik kan me niet herinneren dat ze ooit werden gebruikt. Nadat mijn opa en oma waren overleden gingen een paar van die kopjes naar mijn ouders – die ze ook nooit hebben gebruikt. Want ze waren voor speciale gelegenheden en ze konden niet in de vaatwasser. Nu staan ze bij mijn moeder op zolder. Ik dacht altijd: wat zonde. Maar ik ben zelf net zo. Het prachtige servies dat Richard en ik voor ons huwelijk hebben gekregen, gebruikten we lange tijd alleen met Kerstmis. Maar waarom? Vorig jaar heb ik het gewoon 'in roulatie' genomen. Ja, het is mooi, maar leven is toch ook mooi? Iedere dag is een speciale gelegenheid. Gebruik altijd je mooiste spullen en draag je beste kleren. Waar heb je ze anders voor? En vier ieder jaar je verjaardag. Of vier je vrienden! Heb je echt een reden nodig om samen een karaoke-avond te doen?

Een van de leukste dingen die ik bij het researchen voor dit boek heb geleerd, is dat nostalgie goed voor je is. Verschillende wetenschappelijke onderzoeken hebben zeventigplussers een aantal dagen teruggebracht naar het decor van hun jeugd, inclusief de kranten uit die tijd, radio- en tv-programma's, de hits van toen en zelfs het eten en drinken. Het effect was opmerkelijk: de senioren knapten er aantoonbaar van op, lichamelijk en geestelijk. Ze werden vrolijker, soepeler en mentaal scherper. Herinneringen ophalen blijkt goed voor je gemoed: het verbindt degene die je vroeger was met degene die je nu bent. Met je vrienden terugkijken op alle dingen die jullie samen hebben uitgevreten, overspoelt je brein met goede vibes. 'Weet je nog' is een heel sterke emotie die je met de jaren steeds gelukkiger maakt. Bewaar dan ook vooral memento's van vroeger, tickets, kaartjes en natuurlijk oude polaroids die je nu nog op een prikbord kunt hangen voordat ze voor eeuwig zijn vervaagd.

Ik heb een playlist van mijn favoriete hits uit de jaren tachtig en van sommige liedjes, zoals 'Don't You (Forget About Me)' van The Simple Minds, 'The Boys of Summer' van Don Henley of 'With or Without You' van U2, hoef ik de begintonen maar te horen of ik word al overspoeld door golven van positieve melancholie. Deze nummers doen me niet alleen aan vroeger denken maar geven me ook het gevoel dat ik in een auto wil stappen en een heel eind wil rijden, de zonsondergang tegemoet. De hits uit mijn tienertijd roepen allerlei herinneringen bij me op: de vele feestavonden op mijn middelbare school, het knetterende spanningsveld van gebroken harten en nieuwe liefdes, en de zomerdagen aan het Wylermeer, met zanderige badlakens, cola-ijsjes en een radio in het midden. Wanneer ik naar die liedjes luister, voel ik ook zoveel dankbaarheid. Dan denk ik aan de hele route die ik heb afgelegd en aan de vrienden die ik onderweg heb gemaakt. Don Henley zingt: *'Don't look back, you can never look back'* maar nu ik vijfenvijftig ben, denk ik daar anders over. Je moet juist terugkijken, alleen zo kun je zien van hoe ver je bent gekomen.

Volgens Martin Seligman is dankbaarheid een van de meest krachtige en positieve emoties. Dit zou je volgens hem kunnen onderstrepen met een zogeheten 'dankbaarheidsbezoek' waarbij je iemand uitkiest die heel belangrijk voor je is. Vervolgens schrijf je een brief van driehonderd woorden waarin je uitlegt hoe blij je bent dat je deze persoon kent, en wat hij of zij voor jou heeft betekend. Dan spreek je samen af, waarna je de brief (en nu komt het) hardop voorleest. Ik dacht meteen: o, wat eng. Of misschien is eng niet het goede woord. Kwetsbaar wellicht? Of gênant? Volgens Seligman zou het uitspreken van je dankbaarheid zo'n grote 'gelukspiek' veroorzaken dat het effect na een maand nog steeds zichtbaar zou zijn in je hersenen. Ongemakkelijk of niet: misschien moet ik dit toch maar eens gaan proberen. Want hoe mooi is het wanneer je hardop aan je vrienden durft voor te lezen wat zij voor jou betekenen? Dat je zegt: ik waardeer jou enorm, en dit zijn alle redenen? Het klinkt een beetje cru, maar waarom zou je dit bewaren tot een begrafenis? Onlangs is een goede vriend van Richard en mij onverwacht overleden, en tijdens de uitvaart werden er prachtige dingen gezegd tegen zijn kist. Waarom wachten? Zeg ze liever nu. Aan het einde van haar leven zei de Franse schrijfster Colette: 'Wat een fantastisch leven heb ik gehad! Ik wilde alleen dat ik me dit eerder had gerealiseerd.' Realiseer het je nú.

De kracht van ouder worden is dat het jakkeren naar een geslaagd leven verandert in het verlangen naar een gelaagd leven.

Het Franse woord voor geluk is *bonheur*, wat letterlijk 'een mooi uur' betekent. De afgelopen halve eeuw heb ik geleerd dat gelukkig zijn niet groots en meeslepend is, maar een aaneenschakeling van kleine momenten. Vaardig ouder worden is voor een groot deel enthousiast zijn: er zin in hebben. Ga naar Rome, huur die scooter, vind bezieling en maak connecties. De kracht van ouder worden is dat het jakkeren naar een geslaagd leven verandert in het verlangen naar een gelaagd leven.

Laatst had ik met Pasen het hele gezin bij elkaar, inclusief de aanhang, en ik was zo… blij. Ik had de tafel mooi gedekt (mét het gooj servies) en een heleboel eieren geverfd die Richard overal in de tuin had verstopt. Het was de truttigheid ten top, en iedereen was happy. Het was een bonheur. We deden een spelletje en ik was zoals gewoonlijk langzaam van begrip, waardoor ik zei: 'Sorry jongens, ik ben een beetje een oud wijf.' Waarop mijn activistische dochter zei: 'Niks daarvan. Woorden hebben betekenis, mam. Je bent geen oud wijf, je bent onze fokking matriarch.' Daar moest ik wel om lachen, want daar gaat dit hele boek eigenlijk over. Blijkbaar heb ik zelf ook nog veel te leren.

Het is niet alleen goed dat vrouwen elkaar omhoogsteken, het is ook nodig. Toen mijn vriendin Elles ging trouwen, hebben we met twaalf vrouwen een boerderijtje gehuurd voor een vrijgezellenweekend. Daar heb ik wederom ervaren hoe leuk het is om met een groep leeftijdsgenoten op stap te zijn. Iedereen kent het 'krabbenmand'-verhaal; het idee dat vrouwen elkaar altijd naar beneden proberen te halen. Waarom hebben wij dat imago? Wie heeft dat verzonnen? Natuurlijk, vrouwen zijn geen heiligen; soms lig je elkaar gewoon niet. Maar in al mijn jaren in de televisiewereld en de uitgeversbranche heb ik gemerkt dat vrouwen juist erg goed teams kunnen vormen, constructief kunnen samenwerken en dingen van de grond krijgen.

Maar wat vrouwen bovenal goed kunnen, is met elkaar praten. Ze delen hun zorgen, wisselen ervaringen uit en lachen om hun eigen tekortkomingen. En na de overgang gaan ze nog meer praten, waarschijnlijk vanuit het oergevoel: 'Zo, nu ben ik aan de beurt.' (Wanneer je gezellig met je man en kinderen aan tafel zit, moet je er dan ook op letten dat je niet steeds het hele gesprek naar je toe trekt. Heb ik van horen zeggen.) Zet een groep vijftigplus-vrouwen samen in een boerderij en iedereen heeft het hoogste woord. We hebben gelachen over de zwarte haren die uit je tepels gaan groeien, over echtgenoten die in slaap vallen voor de tv en over de vraag of je nu wel of niet een Satisfyer voor je schoondochter onder de kerstboom kan leggen. Iemand herinnerde zich dat er ooit aan Connie Breukhoven was gevraagd: 'Golfen jij en je man ook?' waarop zij had geantwoord: 'Nee, wij neuken nog.' We hebben recepten gedeeld, Tinder-matches gekeurd en besproken wat de wooncrisis betekent voor onze kinderen. Eén vrouw zei dat je je gedachten net zo moest uitkiezen als de kleding die je 's ochtends bij elkaar zoekt: een combinatie die jou een goed gevoel geeft over jezelf. Een ander zei dat wanneer je tienduizend stappen per dag zet, je aan het einde van het jaar zeventig marathons hebt gelopen. We hebben besproken hoe je het beste kunt onderhandelen over loonsverhoging, welke kliniek de beste ooglidcorrecties doet en waar je de beste adviezen kunt krijgen over mantelzorg. En hoe oud mag een jonge minnaar zijn?

Een van de meest waardevolle dingen van ouder

worden vind ik het besef dat je niet alle antwoorden hoeft te hebben. De kracht van ouder worden is dat je niet alles hoeft te weten. Sterker nog: hoe eerder je beseft dat niemand alles weet en dat dit helemaal oké is, hoe beter. Iedereen heeft een deel van de oplossing, en samen help je elkaar verder. In de boerderij speelden we het spel Party & Co en terwijl de hele groep over de grond rolde van het lachen, realiseerde ik me dat ik nooit had verwacht dat vijftigplus er zo uit zou zien. Zo levendig, zo zelfverzekerd, zo humoristisch, zo wijs. Nee, ouder worden is zeker niet altijd even makkelijk maar het is wel dé manier

De kracht van ouder worden is dat je niet alles hoeft te weten.

om een lang leven te hebben. Wat er ook verandert en hoe je je daarbij ook voelt: vergeet nooit hoe waardevol je bent. Tijdens de rondreis die Richard en ik door Japan maakten, vertelde onze gids in Kyoto dat in het shintoïsme (de Japanse natuurgodsdienst) de maan heel belangrijk is. Want in tegenstelling tot de zon, verandert de maan van vorm. Soms is zij heel, soms is zij half, soms kun je de maan helemaal niet zien. Maar ze is er altijd, en van oudsher geloven de Japanners dat wij mensen zijn zoals de maan: soms voel je je heel, soms voel je je half, soms voel je je helemaal niet gezien. Maar je bent er altijd, een kracht van de natuur, mooi zoals je bent.

BRONNEN

Bremen, Petra van en Helene van Santen (2021), *De tijd van je leven. Energiek en stijlvol na je 50e.* Kosmos Uitgevers.

Brooks, David (2019), *De tweede berg. De zoektocht naar een zinvol leven.* Uitgeverij Unieboek | Het Spectrum bv.

Diaz, Cameron en Sandra Bark, (2016), *Longevity. Live stronger. Live better. The art of aging well.* HarperCollins Publishers.

Doets, Elske (2023), *De leeftijdloze samenleving. Een nieuwe visie op jong en oud.* Business Contact.

Gunter, Jen (2021), *The Menopause Manifesto. Own your health with facts and feminism.* Little, Brown Book Group

Hoes, Isa en Medina Schuurman (2016) *Te lijf. De kunst van het mooi ouder worden.* Ambo|Anthos

Hoes, Isa en Medina Schuurman (2020), *Hoe ouder, hoe mooier. De 2e helft te lijf.* Kosmos Uitgevers.

Levitin, Daniel (2020), *Hoe ouder, hoe beter. Een geslaagd leven volgens neurowetenschappelijke inzichten.* Pluim.

Maas, Angela (2019), *Hart voor vrouwen. De cardioloog over het vrouwenhart.* Arbeiderspers.

Medina, John (2017), *Brain rules for aging well. 10 principles for staying vital, happy, and sharp.* Pear Press.

Meijer, Maike (2020), *Wen er maar aan.* Uitgever Maike Meijer.

Moran, Caitlin (2021), *More Than a Woman. Een ode aan de overvraagde veertig plus-vrouw.* Nijgh & Van Ditmar.

Mudder, Marian (2022), *Wat ik eerder had willen weten. Over angst, zelfliefde en acceptatie.* Ambo/Anthos.

Pope, Alexandra en Sjanie Hugo Wurlitzer (2022), *Wise Power. Discover the liberating power of menopause to awaken authority, purpose and belonging*. Hay House.

Scherder, Erik (2022), *Oud worden, jong blijven. Waarom moeite doen loont.* Uitgeverij Athenaeum.

Sunim, Haemin (2019), *Houden van dingen die niet perfect zijn. Compassie voor jezelf en anderen.* Boekerij.

Thooft, Lisette (2018), *De beste tijd van je leven. Spiritueel door de overgang.* Kosmos Uitgevers.

Ultee, Jetske dr., *Alles wat je moet weten over huidveroudering*, www.dr-jetskeultee-skincare.nl

Vries, Maaike de en Manon Kerkhof (2020), *Ook leuke meisjes worden vijftig.* Kosmos Uitgevers.

Wittekoek, Janneke en Dorenda van Dijken (2021), *Hart & hormonen. Fit de overgang in.* Uitgeverij Lucht.

Woertman, Liesbeth (2022), *Wie ben ik als niemand kijkt? Een*

andere kijk op de ouder wordende vrouw. Ten Have.
Woesthoff, Lucy (2020), *Woman. Gedachtes over de liefde, de dood, ouder worden en de kracht van sisterhood.* Uitgeverij Unieboek | Het Spectrum bv.
Zweig, Connie (2021), *The inner work of age. Shifting from role to soul.* Park Street Press.

Artikelen en citaten:

'Als ik zou moeten kiezen tussen een vriend en een hond, zou ik een hond nemen', interview met Arjan Ederveen door Sara Berkeljon, *Volkskrant Magazine*, 15 juli 2023.
'Dansen tegen kilo's maakt ook blij', Miluska van Rompu, *de Volkskrant*, 20 januari 2024.
'De Nederlandse Sportraad voelt "grote onmacht" over mensen die ziek worden van te weinig beweging', Enzo van Steenbergen, *NRC*, 19 december 2023.
'Doorgedraaide wereld', column door Youp van 't Hek, *NRC*, 3 februari 2024.
'Feeling young for your age may be good for your health', door Richard Sima, 15 juni 2023, *The Washington Post.*
'Go, Jane, go', interview met Jane Fonda door Mia McNiece, *People Magazine*, 15 mei 2023.
'Grande dames, het wordt alleen maar leuker na je zestigste', door Jill Waas, *VROUW Glossy*, april 2023.
'Het geheim van het eeuwige leven, reportage over de Blue

Zones', Emma Curvers, *de Volkskrant*, 24 februari 2024.
'Het verlangen naar liefde stopt niet na je 50ste', interview met Corine Koole door Jantine Jongebloed, *Volkskrant Magazine*, 13 januari 2024.
'Hormonen zijn de dirigenten van ons lichaam, ga niet zelf dokteren als ze uit balans zijn', Heleen van Lier, *de Volkskrant*, 20 november 2023.
'Ik ben gefascineerd door hoe mensen zich herpakken', interview met Eva Jinek door Annemart van Ree, *Nouveau*, maart 2024.
'Ik zit nu in een periode dat ik me een beetje stout voel', interview met Adelheid Roosen door Renate van der Zee, *Nouveau*, april 2023.
'Klaar ben je', essay vrouw en orgasme, Julien Althuisius en Angela Wals, *Volkskrant Magazine*, 2 december 2023.
'Mama wordt altijd herkend op straat', interview met Elles Beijers en Misja Beijers door Nathalie Wouters, *NRC Magazine*, augustus 2023.
'New research shows as women grow older, so does their confidence', onderzoek uit 2021 door OnePoll in opdracht van Viviscal, www.search.medium.com
'Mij duw je niet omver', interview met Astrid Joosten door Jeroen Mei, *VROUW Glossy*, april 2023.
'Onderschat mij maar. Het raakt me niet meer', interview met Stine Jensen door Coen Verbraak, *Volkskrant Magazine*, 3 februari 2024.
'Onwetendheid over vrouwspecifieke aandoeningen als

menstruatiepijn kost samenleving miljarden euro's', Jurriaan Nolles, *AD Gezond*, 12 december 2023.
'Oprah Talks About Menopause: "You cannot outfox the Big M"', Sheila Baylis, *People*, 24 april 2023.
'Penopauze', column van Kluun, *Saar Magazine*, februari 2023.
'Silent suffering', Lauren Jackson, *The New York Times*, 5 februari 2023.
Slechte slaap: een probleem voor de volksgezondheid? Rapport van het Trimbos-Instituut, RIVM en Hersenstichting, 2018.
'Succesvolle afvallers lijnen niet', door Mieke Kosters, *Nouveau*, januari 2024.
'Terug naar de levensboom', reportage over Jeroen Heindijk door Jocelyn de Kwant, *Happinez*, nr.2, 2023.
'The bitch is back', Sandra Tsing Loh, *The Atlantic*, oktober 2011.
'Trinny Woodall', interview door Ilonka Leenheer, *Saar Magazine*, februari 2023.
'Wat werkt wél tegen roken en overgewicht?', Toine Mudde, *de Volkskrant*, 18 januari 2024.
'We have been misled about menopause', Susan Dominus, *New York Times Magazine*, 5 februari 2023.
'We lijken op elkaar en dat maakt het gemakkelijk', interview met Ruud Gullit en Karin de Rooij door Antoinette Scheulderman, *Nouveau*, augustus 2023.
'Weer een lente erbij!', onderzoek onder achthonderd

lezeressen van *VROUW Glossy* over ouder worden, door Sabine Leenhouts, *VROUW Glossy* april 2023.
'Wees een vrouw waar je niet omheen kunt', column door Cisca Dresselhuys, *Nouveau* januari 2024.
'Schone vulva ruikt naar vulva', Seks met Joy, column door Joy Delima, *Volkskrant Magazine*, 25 maart 2023.
'Zijn vrouwen echt zo ontevreden met hun uiterlijk?' Paul Serail, *Quest*, 17 juni 2022.

Annabel raakt verstrikt in twee mannen én in twee identiteiten. Vindt ze zichzelf ooit terug?

Annabel Brinkmeester presteert het om op één dag alles kwijt te raken wat haar dierbaar is: de nalatenschap van haar ouders, haar relatie, zelfs haar geliefde huis aan de Orthoskade 66. Zonder de financiële hangmat waar ze jaren in heeft gelegen, moet Annabel nu écht de mouwen opstropen en een nieuwe toekomst voor zichzelf bewerkstelligen. Maar al snel raakt ze verstrikt in twee mannen én in twee identiteiten. De problemen stapelen zich in een razend tempo op…

Dubbel zes wordt verfilmd met in de hoofdrollen Abbey Hoes en Jim Bakkum. Te zien in de bioscoop in 2025.

ISBN 9789463810524